오랫동안 나는 "가장 먼저 읽어야 할 어린이 사역 서적은 무엇인가요?"라고 묻는 학생들에게 딱 한 권을 추천해줄 수 없었다. 그래서 세 권을 추천해주었다. 하나는 조직에 관한 책이었고, 다른 하나는 성경 공부에 관한 책이었다. 또 다른 하나는 아이들을 안전하게 지키는 법에 관한 책이었다. 하지만 지금은 단 한 권을 추천한다. 재레드 케네디가 세 가지 요소를 모두 책 한 권에 녹여냈기 때문이다.

티머시 폴 존스(Timothy Paul Jones), 남침례신학교 기독교 가정 사역 교수이자 『가정 사역 실전 가이드』(*Family Ministry Field Guide*)의 저자

이 책은 제목 그대로 복음과 양육에 중점을 두었다. 케네디는 복음이 다음 세대에게 오래가는 영향을 미치기 위한 유일한 길이라는 점을 정확히 알고 있다. 그는 우리의 사역을 인도하기 위해 이 명제에 풍부한 실천적 도움과 설명을 덧붙이고 있다. 모든 담임목사와 어린이 사역 책임자는 이 책을 읽고 나서 교사와 보조 교사, 학부모의 손에도 전해줘야 한다.

마티 마쵸스키(Marty Machowski), 가정 사역 목사, 『예수님 위에 세우라』(*Build on Jesus*), 『하나님을 아는 지식』(*The Ology*, 생명의말씀사 역간), 『원더풀』(*WonderFull*, 홈앤에듀 역간)의 저자

어린이 사역보다 복잡한 사역은 떠오르지 않는다. 그리고 이 복잡성을 헤쳐 나가는 데 이 책보다 더 좋은 지침서는 생각나지 않는다. 어린이 사역을 한 지 며칠이 되었든 몇 년이 되었든, 이 책이 종합적이고(아동 학대 대응책부터 연령대별 수업까지) 균형 잡혔으며(성경적 이상과 현실 사이의 균형) 즉각적으로 도움이 된다는 사실을 발견하게 될 것이다. 케네디는 이 짧은 열 개의 장에 10년 이상의 경험과 통찰을 집대성했다. 이 책을 집에 비치하는 것은 전담 어린이 사역 컨설턴트를 집에 상주하게 하는 것과 같다.

챔프 손턴(Champ Thornton), 오글타운 침례교회 부목사, 『래디컬 북』(*The Radical Book for Kid*, 디모데 역간)과 『예수님의 사랑의 기적』(*Wonders of His Love*)의 저자

아이들이 예수님에 관한 복된 소식을 받아들이고 평생 그분을 따르기를 간절히 바라는가? 이 탁월한 지침서에서 재레드 케네디는 교회와 집에서 그리스도를 찬양하는 아이들을 키워내기 위한 성경적 비전과 매력적인 전략을 제시한다.

바버라 리오크(Barbara Reaoch), 바이블 스터디 펠로십 인터내셔널(Bible Study Fellowship International) 아동 부문의 전 책임자, 『크리스마스보다 나은』(A Better Than Anything Christmas)의 저자

어린이 사역을 위한 우리의 목표가 복음 중심으로 형성되면 어떤 일이 벌어질까? 재레드 케네디는 그 답을 안다. 사려 깊은 목사이자 실천가인 케네디는, 리더들과 교회들이 복음을 어린이 사역의 기본 요소들(정책 결정, 영입, 훈련, 보호, 제자 양성)에 연결하도록 돕는 법을 알고 있다. 어린이 사역을 하고 있다면 이 책을 매뉴얼로 삼으라!

데이브 하비(Dave Harvey), 그레이트 커미션 컬렉티브(Great Commission Collective)의 회장, 『나는 여전히 아내를 사랑한다』(I Still Do!)의 저자

재레드 케네디의 이 책은 신학적으로 풍부하면서도 쉽고 실용적인 책이다. 교훈을 주면서도 흥미롭다. 노련한 가정 사역 목사가 쓴 이 책은 교회의 섬김형 리더들이, 다음 세대를 제자로 키우도록 돕는, 믿을 만한 지침서다.

자말 윌리엄스(Jamaal Williams), 소전 처치 미드타운의 담임목사이자 하버 네트워크(Harbor Network) 회장

재레드 케네디는 어린이 사역의 참호 속에서 오랫동안 고군분투해왔다. 페이지마다 뚝뚝 떨어지는 지혜를 보면 그것을 분명히 알 수 있다. 어린이 사역에 몸담고 있다면 자신을 위해서 이 책을 처음부터 끝까지 꼼꼼히 읽으라. 하나님의 놀라운 은혜의 복음을 중심으로 격려와 도전을 받고 변화되는 자신을 발견하게 될 것이다.

디팩 리주(Deepak Reju), 캐피톨 힐 침례교회의 성경 상담 및 가정 사역 목사, 『예수 위에 세우라』(Build on Jesus)의 공저자

많은 크리스천이 교회의 미래가 어린이 사역에 있다는 사실을 알지 못한 채 교회의 미래에 관해 한탄만 하고 있다. 케네디는 하나님나라를 세우는 데 어린이 사역이 기초라는 사실을 일깨워줄 뿐 아니라 아이들을 안전하게 보호하는 법에서 복음 중심의 교훈을 가르치는 법까지 모든 것에 관한 실천적인 지침서를 제공해준다. 그의 조언을 따르는 교회는 가정들을 변영시킬 뿐 아니라 스스로도 변영할 것이다.

브라이언 아널드(Brian J. Arnold), 피닉스 신학교 총장

재레드 케네디가 쓴 이 책을 읽는 동안, 나는 주일마다 탁아방에서 아이들과 씨름하고 주일학교에서 간식을 나눠주고 아이들에게 찬양을 가르치던 시절로 돌아갔다. 신학적으로 풍성하면서도 실천적인 이 책은 주일학교 운동의 뿌리를 살펴보며, 초대교회 교부들에 관해 알아보는 것부터 가장 약한 아이들을 보호하기 위한 현대의 의전까지 친절하게 우리에게 소개해준다. 그 과정에서 저자는 아이들이 구주께로 나아와 하나님의 가정 안에서 자기 자리를 찾을 수 있도록 어린이 사역에 관한 비전을 우리에게 제시한다. 자녀를 둔 어머니로서, 거의 30년 동안 어린이 사역자로 섬겨온 사람으로서 이 책을 강력히 추천한다.

한나 앤더슨(Hannah Anderson), 『겸손한 뿌리』(*Humble Roots*, 도서출판100 역간)와 『지나가는 날』(*Turning of Days*)의 저자

얼마나 보물과도 같은 책인가! 성경적인 지혜와 교회사에 관한 지식으로 가득한 책이다. 그리스도를 위해 다음 세대를 키우는 일에 관심이 있는 사람이라면 누구나 큰 교훈을 얻게 될 것이다. 어린이 및 가정 사역을 위한 이론을 실제와 완벽하게 연결한 실천적인 책이다. 저자가 사역의 방법론에 관해 신학적으로 생각하는 능력이 탁월하고, 실전 경험이 많은 사람이라는 것을 분명히 알 수 있다. 나는 사역자들을 바로 이런 사람으로 훈련하고 싶다. 이것이 내가 그리스도 중심의 탄탄한 어린이 사역을 일구려고 애쓰는 모든 사람에게 이 책을 추천하는 이유다.

멜라니 레이시(Melanie Lacy), 그로잉 영 디사이플스(Growing Young Disciples) 대표

복음과 양육으로 세워지는
어린이 사역

Keeping Your Children's Ministry on Mission
Copyright © 2022 by Jared Kennedy
Published by Crossway, a publishing ministry of Good News Publishers,
Wheaton, Illinois 60187, U.S.A.
All rights reserved.

This Korean translation edition © 2023 by Timothy Publishing House, Inc.,
Seoul, Republic of Korea
This edition published by arrangement with Crossway through rMaeng2,
Seoul, Republic of Korea.

이 한국어판의 저작권은 알맹2를 통하여 Crossway과 독점 계약한 (주)도서출판 디모데에 있습니다.
신 저작권법에 의하여 한국 내에서 보호받는 저작물이므로 무단 전재와 무단 복제를 금합니다.

복음과 양육으로 세워지는 어린이 사역

1쇄 발행	2023년 4월 10일
지은이	재레드 케네디
옮긴이	정성묵
펴낸이	고종율
펴낸곳	(주)도서출판 디모데〈파이디온선교회 출판 사역 기관〉
등록	2005년 6월 16일 제 319-2005-24호
주소	서울특별시 서초구 서초대로 141-25(방배동, 세일빌딩)
전화	마케팅실 070) 4018-4141
팩스	마케팅실 02) 6919-2381
홈페이지	www.timothybook.com
ISBN	978-89-388-1695-5 (03230)

© 2023 도서출판 디모데 All rights reserved. 〈Printed in Korea〉

복음과 양육으로 세워지는
어린이 사역

재레드 케네디 지음
정성묵 옮김

땅에 있는 성도들은
존귀한 자들이니
나의 모든 즐거움이 그들에게 있도다.
시편 16편 3절

하버 네트워크(Harbor Network) 교회들의
어린이 사역 리더들과 교사들에게
이 책을 바친다.

· 차례 ·

머리말 · 13

1부 어린이 사역을 위한 복음 중심의 비전
1장 다음 세대를 위한 공동 사명 · 23
2장 가정 사역의 역사에서 얻는 교훈 · 37

2부 환영하는 환경을 조성하라
3장 입구에서 예수님 만나기 · 55
4장 타락한 세상에서의 안전 · 71

3부 아이들을 그리스도께로 인도하라
5장 성경 이야기를 전하는 세 가지 방식 · 97
6장 복음 중심 해석의 실제 · 109
7장 삶의 실천, 참여, 적용을 위한 발견 · 127

4부 아이들, 그 가족들과 함께 자라나라
8장 점진적인 성장 · *157*
9장 유튜브 세대를 위한 요리문답 · *175*

5부 "가라!" 아이들과 가족들을 세상으로 파송하라
10장 복음으로 가정들을 증인으로 세우라 · *199*

맺는말 · *217*

감사의 말 · *221*

주 · *223*

머리말

몇 년 전 가정 사역 콘퍼런스에 참석한 적이 있다. 행사 끝 무렵에 기조연설자들이 패널로 나와 가정 사역의 상태에 관해서 논했다. 그 토론 중에 내 평생 잊지 못할 말을 듣게 되었다. 진행자는 패널 중 한 명인 스티브 라이트(Steve Wright) 목사를 보며 물었다. "어떻게 어린이, 청소년 사역을 좀 더 가정 중심적으로 만들 수 있을까요?"

라이트는 잠시 생각에 잠겼다가 이렇게 대답했다. "그렇게 해서는 안 됩니다."

모두가 깜짝 놀랐다. 이 콘퍼런스는 부모가 자녀를 잘 양육하도록 도우려는 리더들을 위한 행사였다. 우리 모두, 최소한 나는 우리 사역을 가정 중심으로 재편하는 것이 중요하다고 생각하고 있었다.

라이트는 청중이 자신의 답에 관해 잠시 고민할 시간을 준 뒤 계속해서 말했다. "우리는 어린이, 청소년 사역을 예수님 중심으로 만드는 것에 신경을 써야 합니다. 이것이 가정 사역의 올바른 방향이요 목표입니다."

성경은 부모와 신앙 공동체 모두 다음 세대에 신앙을 전할 책임이 있다고 분명히 말한다(신 6:6-9; 시 78:1-8). 단, 가정의 제자 훈련에 관한 접근법 자체는 다양하다. 그 콘퍼런스에서 라이트의 말에 충격을 받았던 사람들처럼, 어떤 교회 리더들은 다음 세대에 신앙 훈련을 시킬 주된 책임자로서 부모에게 희망을 건다. 하지만 어떤 이들은 부모가 도움 없이 이 책임을 감당하느라 고군분투하는 상황에 안타까움을 느꼈다. 그래서 그들은 학교나 파라처치 사역(선교 단체 사역), 교회 내 주일학교와 중고등부 사역을 통한 교회의 교육 사역을 강조해왔다.

우리가 어떤 철학을 채택하든 라이트가 한 말은 더 큰 문제점을 가리킨다. 그것은 이 사역을 잘하려는 데만 신경을 쓰다가 진정한 영광이 어디에 있는지를 놓치게 될 수 있다는 점이다.

교회의 어린이 사역을 이끌다가 이런 문제점을 직접 경험했다. 나는 걸레질하지 않은 바닥, 멈춰버린 출석용 컴퓨터, 사라진 프로그램 계획서 때문에 스트레스를 받곤 했다. 물론 교회에서 이런 부분을 잘 챙겨 가족들을 환대하는 것은 전혀 잘못이 아니다. 하지만 어린이 사역에 관해 지나치게 걱정하는 모습은 내가 엉뚱한 곳에 믿음을 두고 있다는 사실을 드러냈다. 나는 그리스도와 복음을 믿기보다 나의 노력이나 프로그램을 더 믿을 때가 너무도 많았다. 어린이 사역을 위한 전략은 어디까지나 그리스도와 복음을 중심으로 이루어져야 한다.

**오직 예수님만을
알다**

사도 바울의 사역 방식은 우리의 방식과 극적인 대조를 이룬다. 바울은 고린도 교회에 보낸 편지에서 용감한 복음 중심의 사역에 관한 비전을 제시한다. 그것은 약함의 한복판에서도 강함을 찾는 종류의 사역이다. 이 주제를 잘 요약한 구절 중 하나는 고린도전서 1장 31절에서 2장 5절이다.

기록된바 자랑하는 자는 주 안에서 자랑하라 함과 같이 하려 함이라 형제들아 내가 너희에게 나아가 하나님의 증거를 전할 때에 말과 지혜의 아름다운 것으로 아니하였나니 내가 너희 중에서 예수 그리스도와 그가 십자가에 못 박히신 것 외에는 아무것도 알지 아니하기로 작정하였음이라 내가 너희 가운데 거할 때에 약하고 두려워하고 심히 떨었노라 내 말과 내 전도함이 설득력 있는 지혜의 말로 하지 아니하고 다만 성령의 나타나심과 능력으로 하여 너희 믿음이 사람의 지혜에 있지 아니하고 다만 하나님의 능력에 있게 하려 하였노라.

오늘날 우리는 선교에 일생을 바치고, 그리스도를 위해 고난받은 것으로 인해 바울을 존경한다. 그런데 바울은 사람들의 비난 앞에서 자신을 변호할 필요성을 느끼지 못했다. 잭 클럼펜하우어(Jack Klumpenhower)는 바울과 고린도 교회 내 비방자들 사이의 차이점을 다음과 같이 지적했다.

> 고린도는 개인적인 성공과 종교적인 통찰에 관한 지혜를 설파한 떠돌이 현자들의 기착지였다. 하지만 바울은 그런 현자 중 하나가 아니었다. 그리스도의 십자가에 관한 그의 메시지는 너무도 우월해서 그는 그 메시지를 꾸밈없이 전했다. 오히려 그는 약해져서 떨면서 말했다. 그는 십자가가 스스로 말하도록 했다.[1]

그가 지혜도 없고 커뮤니케이션의 기본도 모른다고 생각하는 사람들이 적지 않았을 것이다. 하지만 그는 십자가의 메시지 하나만으로 충분하다고 확신했다.

나는 단순한 복음의 메시지가 어린이 사역의 목표에 최소한 네 가지 영향을 미친다고 생각한다. 이 네 가지 영향은 고린도전서 1장 31절-2장 5절에서 발견된다. 첫째, 복음은 우리의 환대에 겸손을 더해준다. 오만한 연설로 아이들을 가르치려 들지 않고 오직 겸손함과 온 마음을 다해 주님만 자랑하게 된다. 둘째, 복음은 우리의 가르침이 그리스도와 십자가를 중심으로 이루어지게 한다. 이 중심 앞에서 다른 모든 것은 빛이 바랜다. 셋째, 복음은 우리의 제자 훈련에 영향을 미친다. 자녀 양육에 더 신

【표 0.1】복음이 어린이 사역의 목표에 미치는 영향[2]

환대	가르침	제자 훈련	선교
복음이 묻어나오는 태도: 예수님의 이름으로 아이들을 환영한다.	**복음 중심의 메시지:** 메시지의 내용이 중요하며, 그 핵심은 예수님이어야 한다.	**복음으로 형성된 정체성:** 그리스도의 십자가가 크리스천 삶 전체를 형성한다.	**복음이 이끄는 증언:** 모험적이고 용감한 믿음은 하나님에게서 나온다.

경 쓰고, 성령의 목표가 아이들을 그리스도를 닮게 성장시키는 것이라고 확신하게 된다. 마지막으로, 복음이 우리의 사명을 견인한다. 다음 세대의 신앙이 사람의 지혜가 아닌 하나님의 능력에 달려 있다는 확신 속에서 선교의 사명을 감당하게 된다.

이 책은 복음 중심적이고 선교적인 어린이 사역을 위한 네 가지 요소로 된 전략을 탐구한다. 어떻게 부모, 사역 리더, 교사들이 아이들을 그리스도와 교회 공동체로 이끌 수 있을까? 더 나아가 그들을 선교의 사명으로 파송할 수 있을까? 이 책에서 이를 위한 전략을 살펴보자. 1장에서는 복음과 그것이 우리 아이들에게 의미하는 바를 탐구할 것이다. 이 복음과 관련해서 부모와 교회가 다음 세대를 어떻게 키워야 할지를 살펴보자. 2장에서는 어린이, 가정 사역의 역사를 살펴보고 문화적 가정과 사역의 이상이 복음의 영광을 가리는 경우를 다룰 것이다. 그러고서 다음에 나오는 여덟 장에서는 다음과 같이 하라고 권면할 것이다.

- 아이들 및 가족들과 관계를 쌓기 위해 환영하는 환경을 조성한다. 환영하는 환경은 어린이 사역의 정문이다. 우리가 다른 사람을 환영하면 아이들에게 예수님을 보여줄 수 있다. 또 아이들이 편안해하고 안전하게 지낼 수 있는 시설을 마련해야 한다. 겸손하고 기도하며 주님을 의지하는 모습을 보여주어야 한다.
- 복음 중심의 성경 교육으로 아이들과 가정을 그리스도께로 인도한다. 아이들이 일단 예배당에 들어온 뒤에는 우리가 가르치는 것에서 예수님을 볼 수 있어야 한다. 즉 아이들을 그리스도께 연결할 수 있도록 창의적이고 훌륭한 성경 교육을 준비해야 한다.
- 가족들이 영적 여정의 다음 단계를 밟으면서 성장하도록 도와야 한다. 가족들이 공동체에 주기적으로 참여하게 되면, 이제 그들이 신앙의 길을 걷도록 이끌어야 한다. 아이들이 신앙적으로 반응하도록 돕는 동시에, 부모들이 아이들을 제자로 잘 키울 수 있도록 필요한 자원을 제공하고 변화를 끌어낸다.
- 복음 중심의 사명으로 아이들과 가정을 파송하며 함께한다. 아이들은 제자 훈련을 넘어 성장해야 한다. 이웃을 사랑하고 세상에 복음을 전하는 그리스도의 사신으로까지 나아가야 한다.

이 책을 읽는 모든 사람이 믿음의 뿌리를 '예수 그리스도'와

'그분이 십자가에 못 박히셨다'는 단순한 메시지에 두기를 바란다. 이것이 바울에게 필요한 전부였으며, 지금 우리에게도 필요한 전부다.

 이 책을 읽는 내내 예수 그리스도를 통한 하나님의 역사만으로 어린이 사역을 강화하기에 충분하다는 사실을 믿기를 바란다. 아이들을 환영하신 구주를 생각하면, 그분과 그분의 복음이 당신을 붙들고, 어린이 사역을 사명으로 계속 해나가기에 충분하다는 사실을 깨달을 것이다.

1부

어린이 사역을 위한 복음 중심의 비전

【1장】

다음 세대를 위한 공동 사명

멈추라! 믿으라! 그리스도께서 나를 보내셨다

보통 사람, 특히 아동부나 중고등부 목사라면 읽지 않았을 법한 책에 소개된 사도 요한에 관한 전설이 있다. 케케묵은 2세기 설교 원고는, 매일 대형 마트에서 쇼핑하고 카페에서 제자 훈련 모임을 하며 장난감을 살균 소독하고 수요일 밤 모임을 위해 피자를 주문하는 우리에게는 별로 인기 있는 읽을거리가 아니다. 하지만 이 이야기를 놓치면 보물을 놓치는 셈이다.

알렉산드리아의 클레멘스(Clement of Alexandria)가 한 설교의 결론 부분에 다음 세대 사역에 관한 아름다운 이야기가 담겨 있다. 이 이야기는 예수님이 사랑하시는 제자 요한이 이제 나이가 들어 밧모섬 감옥에서 풀려난 직후에 시작된다.

폭군(로마 황제 도미티아누스를 지칭하는 것으로 보인다)의 죽음 이후 요한은 밧모섬에서 에베소로 돌아왔다. 거기서 요청받을 때마다 근처 이방 마을에 가서 목사에게 안수하거나 교회들을 화해하게 하거나 성령님이 말씀하신 사람에게 안수했다. 근처 한 도시[현대의 튀르키예 이즈미르(서머나) 지역인 듯함]에 도착한 그는 형제들 사이의 논쟁을 종식하고서, 기백이 있을 뿐 아니라 용모도 뛰어난 한 젊은이를 눈여겨보고 목사에게 그를 천거하며 이렇게 말했다. "이 젊은이를 내 증인으로서 그리스도와 함께 자네에게 맡기겠네."[1]

말년에 요한은 순회 설교자이자 조언자로 교회를 섬겼다. 또한 지혜로운 늙은 성자 요한은 젊은 인재를 찾으려고 노력했다. 그는 리더로서 잠재력을 지닌 한 젊은이를 발견하고서 그를 한 교회의 목사에게 맡기고 훈련을 부탁했다. 그러고서 자기 교회로 돌아갔다. 그 목사는 그 젊은이를 집으로 데려와 키웠고, 그가 신앙을 고백하자 세례를 베풀었다.

그리스도는 이 땅에서 사역하실 때 아이들을 향한 마음을 분명히 보이셨다(마 18:1-6; 19:13-15). 제자들은 처음에는 예수님의 요지를 놓쳤지만, 요한에 관한 클레멘스의 이야기를 보면 그들은 결국 깨달은 것으로 보인다. 요한은 다음 세대에 자신의 사역을 이어갈 미래의 리더들을 찾고 있었다. 그리고 당신이 이 책을 집었다는 것은 당신이 전해 받은 하나님의 도를 다음 세대가 알고 믿고 따르기를 바란다는 뜻이다. 어린이 사역은 아이들이 예수님에 관한 복된 소식을 듣고 평생 그분을 따르도록 가르치기 위해 존재한다.

아이들에게는 복된 소식이 필요하다

복음의 이야기는 네 개 사건으로 정리할 수 있다. 바로 창조, 타락, 구속, 완성이다. 이 줄거리가 우리에게 아이들에 관해 무엇을 가르쳐주는가?

첫째, 하나님이 그분 자신을 위해 아이들을 '창조'하셨다는 사실을 발견할 수 있다. 아이들은 기묘하게 지음을 받았다(시 139:14). 그들의 삶에는 하나님의 아름다움을 보여주는 우주의 영광이 스며들어 있다. 그들은 생각하고 이해할 수 있는 능력과 상상력을 받았다. 또 하나님의 형상에 따라 지어졌기에 그들의 삶에는 가치가 있다(창 1:26-27). 그리고 하나님의 형상을 닮은 자로서 아이들은 예배를 위해 창조되었다. 모든 인간은 어린 시절부터 찬양하도록 창조되었다. 크리스천으로서 우리의 바람은 하나님께 감탄하고, 그분의 말씀과 역사에 매료되며, 항상 서로 그분에 관해서 이야기하는 세대를 길러내는 것이다(시 145:3-7).[2]

둘째, 우리 아이들은 '타락'한 상태여서 죄를 짓는다. 그들은 죄, 학대, 고통, 죽음으로 얼룩진 세상 속에서 살고 있다. 그들은 세상의 고통을 느끼고 있다. 로버트 플러머(Robert Plummer)는 이렇게 썼다. "사람들은 역기능 가정에서 자란 아이들에 관해서 말한다. 그런데 사실 우리는 모두 죄로 인해 가장 깊은 차원에서 '역기능' 상태에 있다."³ 혹시 털이 수북한 매머드, 뱀파이어, 괴물, 외계인, 엄청나게 큰 카나리아가 맨해튼의 한 골목에 모인 텔레비전 프로그램을 본 적이 있는가? 이 프로그램의 제작자 짐 헨슨(Jim Henson)은 인간이 가장 두려워하는 것들을 귀엽고 교육적인 대상으로 탈바꿈시켰다. 〈세서미 스트리트〉(Sesame Street)에서 함께 사는 아동 친화적인 이 무시무시한 존재들은 우리에게 아이들에 관한 숨은 현실을 상기시킨다. 아이들은 하나님이 주신 영광스럽고도 아름다운 선물이지만, 그들의 귀여운 모습 밑에는 잉태 순간부터 왜곡된 타락한 마음이 있다.

우리 아이들은 가이 스마일리(Guy Smiley, 〈세서미 스트리트〉에서 쇼호스트로 나오는 가상의 캐릭터)의 무대를 망가뜨리는 괴물처럼 행동할 때가 많다. 모든 아이는 죄인이다. 물론 이 사실을 아이들에게 대놓고 말하기는 어렵다. 그러나 아이들도 자신이 망가져 있다는 현실을 볼 수 있어야 한다. 찰스 스펄전(Charles Spurgeon)은 이 문제를 명쾌하게 정리했다.

> 아이의 본성이 선하다고, 그리고 그런 본성을 계발해야 한다는 기만적인 말로 아이를 우쭐하게 하지 말라. 우리는 아이에게 다시 태어나야 한다고 말해야 한다. 순진무구하다는 망상으로 그를 치켜세우지 말고 아이의 죄를 보여주라. 아이가 짓기 쉬운 어리석은 죄를 말해주고, 그의 마음과 양심 속에 뉘우침이 있게 해달라고 성령님께 기도하라.⁴

아이들도 하나님의 영광을 일시적 쾌락의 영광으로 맞바꾼다(롬 1:21; 3:23). 목욕을 해야 하거나 잠자리에 들 시간이 되어 아이들에게서 장난감을 빼앗으면 어떤 일이 벌어지는가? 아이들의 마음속에서 전쟁이 벌어진다. 물론 아이들에게는 위로와 돌봄과 치유의 손길이 필요하다. 하지만 동시에 솔직한 징계도 필요하다. 아이들이 죄의 무시무시함을 봐야 비로소 구속의 필요성을 보게 되기 때문이다. 우리는 스펄전의 경고에 귀를 기울여야 한다. "아이의 타락한 상태를 말해주는 것을 주저하지 말아야 한다. 그렇지 않으면 아이는 치유를 원하지 않을 것이다."[5]

셋째, '구속'은 예수님을 통해 아이에게 찾아온다. 예수님이 하신 이 말씀을 기억하라. "어린아이들을 용납하고 내게 오는 것을 금하지 말라 천국이 이런 사람의 것이니라"(마 19:14). 예수님은 아이들에게 거리를 둔 제자들을 꾸짖으셨다. 따라서 우리는 교회 공동체의 삶에 아이들을 포함해야 한다. 아무리 아이가 어리더라도 믿음으로 불러야 한다. 그리스도만이 유일한 소망이라는 사실을 모든 아이가 보도록 도와야 한다. 아이들이 자기 밖으로 눈을 돌려 예수님이 제시하시는 구원을 보도록 도와야 한다.

여름 성경학교에서 ABC를 배운 사람이 많을 것이다. ABC는 자신이 죄인이라는 사실을 인정(Admit)하고 예수님을 믿으며(Believe) 그분에 대한 믿음을 고백하는(Confess) 것이다. 이 단계는 성경에서 찾을 수 있다(롬 10:9-10). 구원의 열쇠가 우리의 행위가 아니라 그리스도가 행하신 일이라는 점만 분명히 한다면 이 과정을 따르는 것이 전혀 문제가 되지 않는다.[6] 하지만 아이들에게 무엇을 해야 하는지에 관해서만 말하면 아이들을 혼란스럽고 낙심하게 할 위험이 있다. 아이들은 자기 죄를 의식하면 자신을 돌아보며 걱정에 빠질 수 있다. '내 행실이 충분한가? 나처럼 화를 잘 내는 아이의 마음속에 어떻게 예수님이 거하실 수 있을까?' 예수님이 우리를 위해 해주신 일이 가장 중요하다. 그것은 우리가 행하는 일보다 훨씬 더 중요하다. 예수님은 우리를 구원하시지만 우리는 자신을 스스로 구원할 수 없다. 우리는 아이들이 그리스도의 대속의 죽음을 통해 받는 용서를 바라보도록 가르쳐야 한다.

마지막으로, 다가올 '완성'의 관점에서 보면 우리 아이들은 그리스도 안에서 우리의 잠재적인 형제요 자매다. 우리가 영광에 이를 때 가장 오래가는 관계는 구주와의 관계다(마 22:30). 하나님께 구속받는 것은, 곧 하나님의 자녀로 입양되어 새로운 정체성을 받았다는 것이다. 이 정체성은 이 땅의 모든 지위와 관계를 초월한다. 플러머는 이렇게 설명했다. "우리 자녀는 영원 속에서 우리와 나란히 설 때 우리의 자녀가 아닌 피로 구속된 형제자매로서 서게 될 것이다(계 7:9-12 참고)."[7] 하지만 우리 자녀가 형제자매로서 우리와 함께 영광에 참여하기 위해서는 지금 복음을 들어야 한다.

공동 책임

요한은 이 점을 알았다. 이것이 그가 갓 회심한 젊은이를 서머나의 목사에게 맡긴 이유다. 안타깝게도 상황은 이 늙은 사도가 소망했던 대로 흐르지 않았다. 자세한 내용은 알 수 없다. 클레멘스는 그 청년이 구원받고 세례를 받은 뒤 그 목사가 "관리를 소홀히 했다"라고만 기록했다. 클레멘스에 따르면 그때부터 상황이 나빠지기 시작했다.

> 도덕적으로 해이한 젊은 한량들이 온갖 즐길 거리로 그 젊은이를 타락하게 하고서 밤에 강도질이나 더 심한 범죄를 저지를 때 그를 데리고 나갔다. 곧 그는 그들과 어울렸고, 종마처럼 날뛰며 곧은길을 따라 벼랑으로 내달렸다. 그는 하나님의 구원을 포기하고 사소한 범죄에서 큰 범죄로 나아갔다. 그리고 젊은 배교자들을 모아 강도의 무리를 이루고 스스로 두목이 되었다. 그는 폭력과 핏빛 잔혹성에서 그들 모두를 앞질렀다.[8]

아이가 신앙을 버리면 우리는 어떻게 반응해야 할까? 물론 그 아이가 그것에 대한 책임을 져야 한다. 하지만 모든 탕자를 그냥 싹수가 노란 자로 치부해야 할까? 서머나의 그 목사는 그렇게 생각했다.

시간이 흘러, 요한이 필요해진 그들은 그를 다시 불렀다. 요한은 부탁받은 문제를 해결한 뒤 이렇게 말했다. "주교님, 저와 구주께서 당신에게 위탁한 것을 지금 돌려주십시오…그 젊은이, 그 형제의 영혼을 요구합니다."

노인(주교)은 깊은 신음을 내며 눈물을 왈칵 터뜨렸다. "그는 죽었습니다."

"어떻게 죽었나요? 어떤 죽음을 말씀하시는 겁니까?"

"그는 하나님에 대해서 죽었습니다. 악하고 방탕해졌습니다. 결국 강도가 되었습니다. 지금은 자기와 같은 무리와 교회 앞의 산을 차지했습니다."[9]

서머나의 목사는 그 젊은이를 탓했다. 곧 살펴보겠지만 이 이야기는 그런 접근법이 잘못이라는 점을 분명히 지적한다. 하지만 이야기의 결말을 보기 전에 요한이 그 젊은이의 신앙을 어떻게 여겼는지를 생각해보자. 요한은 그것을 자신과 그리스도가 그 젊은이에게 '위탁한 것'으로 보았다.

그렇다면 청소년과 아이들의 신앙에 대한 책임은 누구에게 있는가?

우리의 어린이 사역을 통해 자라는 아이들은 하나님의 은혜로 훗날 목사나 교회 개척자, 찬양 인도자, 상담자, 소그룹 리더, 부모가 된다. 그들은 바로 다음 세대 크리스천이다. 성경은 이 아이들에게 복음을 가르치는 것이 부모나 교인들의 책임이라고 말한다.

> 이는 우리가 들어서 아는 바요 우리의 조상들이 우리에게 전한 바라 우리가 이를 그들의 자손에게 숨기지 아니하고 여호와의 영예와 그의 능력과 그가 행하신 기이한 사적을 후대에 전하리로다 여호와께서 증거를 야곱에게 세우시며 법도를 이스라엘에게 정하시고 우리 조상들에게 명령하사 그들의 자손에게 알리라 하셨으니 이는 그들로 후대 곧 태어날 자손에게 이를 알게 하고 그들은 일어나 그들의 자손에게 일러서 그들로 그들의 소망을 하나님께 두며 하나님께서 행하신 일을 잊지 아니하고 오직 그의 계명을 지켜서(시 78:3-7).

이 시편은 이스라엘 역사 내내 하나님이 아이들을 염두에 두셨다는 사실을 보여준다(예를 들어, 신 6:7-9). 하나님은 이스라엘의 아이들이 그분의 구원 역사를 기억하기를 원하셨다. 하나님은 그들이 그분의 법과 계명을 기억하기를 원하신다. 그리고 아이들을 믿음으로 훈련할 책임을 두 집단에 맡기셨다. 이스라엘의 '부모'와 '언약의 공동체'가 바로 그 주체다.

하나님은 이스라엘의 "조상들[아버지들]에게 명령하사 그들의 자손에게 알리라[가르치라]"(시 78:5)고 하셨다. 부모보다 자녀의 영적 방향에 더 많은 영향을 끼칠 수 있는 사람은 없다. 아무리 훌륭한 주일학교 교사라도 엄마나 아빠만큼 자녀에게 큰 영향을 미칠 수는 없다. 가정 사역 리더 레지 조이너(Reggie Joiner)는 부모가 평균적으로 자녀와 보내는 시간과 교회 사역팀이 아이들과 보내는 시간을 서로 비교했다.

우리 교회에 꾸준히 출석한 아이라도, 그 아이에게 영향을 미칠 수 있는 시간은 1년에 약 40시간 정도밖에 되지 않았다…비디오 게임과 수학 공부에 거의 4백 시간을 사용하는 4학년 아이가 우리 리더나 교사와 보내는 시간은 40시간밖에 되지 않았다. 같은 날 우리는 다른 숫자를 계산하고 나서 충격을 받았다. 평균적으로 부모와 자녀가 보내는 시간은 한 해에 무려 3천 시간이었다.[10]

40시간 대 3천 시간은 실로 엄청나다. 부모가 성경 이야기책을 꺼내 읽어줄 때 가정 제자 훈련은 계획된 방식으로 이루어진다. 부모가 상심한 자녀를 위로해줄 때 가정 제자 훈련은 계획되지 않은 방식으로 이루어진다. 거실이나 자동차 안, 침대 맡과 저녁 식탁에서 자녀는 복음의 가장 일관된 표현을 보고 듣는다.

하지만 다음 세대를 훈련하는 일은 가정에만 국한되지 않는다. 하나님이 부모에게 자녀를 가르치라고 하신 명령은 '공동체'의 배경 속에서 주신 것이다("야곱…이스라엘", 시 78:5). 다른 신자들이 도와주지 않으면 크리스천 부모들은 다음 세대의 제자를 키우는 책임을 온전히 감당할 수 없다. 아동과 청소년을 위한 교회 사역이 필요한 데는 다음과 같은 이유가 있다.

1. 아이들에게는 사랑과 보호를 제공해줄 경건한 어른들, 삶의 기초로 삼을 진리 그리고 따를 만한 본보기가 필요하다(고전 11:1; 벧전 5:2).
2. 교회가 성경적인 세계관을 강화해준다. 아이가 부모에게

서 진리를 꾸준히 듣더라도, 같은 진리를 아동부나 중고등부 교사가 전해줄 때 더 귀담아들을 수 있다(딤후 4:2).

3. 가정은 하나님나라의 열쇠를 받지 않았다. 그 열쇠는 교회에 주어졌다. 따라서 아이의 구원을 확증하기 위해 교회가 필요하다. 가정에 대한 궁극적인 영적 책임은 교회에 있다(마 16:19).
4. 가정에 큰 갈등이 있을 때 교회가 중립적인 제삼자가 되어준다. 교회는 부모와 자녀 사이의 공평한 조언자가 되어준다(고후 5:18).
5. 교회는 아이들을 지원하고 격려하며 질책해줄 다른 크리스천들과 연결해준다(히 10:25).
6. 아이들이 재능을 사용하여 다른 사람을 섬길 기회를 제공한다(고전 12장).
7. 교회는 진리와 정통 교리를 위해 싸운다. 가정들이 거짓 가르침에 현혹되지 않도록 보호해준다(딤전 3:15).
8. 영적 성장은 대개 공동체라는 배경에서 이루어진다(엡 4:11-16).[11]

경건한 부모의 영향력과 교회의 제자 훈련 사역이 함께 이루어져야 아이들과 학생들이 진정한 유익을 경험할 수 있다. 믿는 가정에서 자라는 아이들에게도 교회라는 믿음의 가족이 필요한데, 하물며 믿지 않는 부모 밑에서 자라는 아이들에게는 복음을 전해주고 말씀의 본을 보여주는 교회가 얼마나 더 필요하겠는가?(마 19:14; 28:19-20) 서머나의 그 젊은이를 보면 이 점을 알 수 있다. 교회를 지척에 두고도 그 젊은이의 삶은 내리막길을 걸었다.

우리가 돌보는 아이가 믿음에서 멀어지면 어떻게 반응해야 할까? 자기반성에 돌입해야 할까? '우리가 무엇을 잘못했을까? 우리의 어린이, 중고등부 사역 모델에 무엇이 빠져 있을까?' 이렇게 물으며 고민해야 할까? 물론 이렇게 하는 것도 필요하다. 하지만 내가 볼 때 요한의 반응이 더 매력적이다.

**우리의 사명:
어린아이들에게 복된 소식을 전해주는 것**

요한은 실패한 제자 훈련 전략에 대해 한탄하지 않았다. 그의 반응은 적극적이었다.

사도는 자기 옷을 찢고 머리를 치며 신음했다. "좋은 후견인에게 형제의 영혼을 맡겼건만! 어서 말 한 필과 길을 알려줄 사람을 주십시오." 그는 곧바로 말을 타고 교회를 떠났다. 은신처에 도착해 무법자들의 보초들에게 붙잡힌 그는 소리를 질렀다. "너희 두목을 만나러 왔다. 나를 그에게로 안내해라!"

요한이 다가오자 그를 알아본 젊은 두목은 창피해서 몸을 돌려 도망쳤다. 요한은 나이도 잊은 채 있는 힘껏 그를 쫓아가며 불렀다. "얘야, 왜 나에게서 도망치느냐? 무기도 없고 나이를 먹은 너의 아버지에게서 왜 도망치느냐? 나를 두려워하지 말고 오히려 불쌍히 여겨라! 나는 너에 대해 그리스도 앞에서 책임을 져야 한다. 주님이 우리를 위해 돌아가신 것처럼 필요하다면 너를 위해 이 목숨을 내놓을 것이다. 멈춰라! 믿어라! 그리스도께서 나를 보내셨다."[12]

이 여든 살의 목회자는 아들이 방황한다는 소식을 듣자마자 말에 올라타서 그가 있는 산으로 곧장 내달렸다! 이 이야기는 우리 주님이 마태복음 18장 10-14절에서 가르쳐주신 것을 떠올리게 한다.

> 삼가 이 작은 자 중의 하나도 업신여기지 말라 너희에게 말하노니 그들의 천사들이 하늘에서 하늘에 계신 내 아버지의 얼굴을 항상 뵈옵느니라 너희 생각에는 어떠하냐 만일 어떤 사람이 양 백 마리가 있는데 그중의 하나가 길을 잃었으면 그 아흔아홉 마리를 산에 두고 가서 길 잃은 양을 찾지 않겠느냐 진실로 너희에게 이르노니 만일 찾으면 길을 잃지 아니한 아흔아홉 마리보다 이것을 더 기뻐하리라 이와 같이 이 작은 자 중의 하나라도 잃는 것은 하늘에 계신 너희 아버지의 뜻이 아니니라.

늙은 목사는 왜 반항적인 십대를 이렇게까지 간절하게 찾았을까? 자신도 한때 길 잃은 양이었고, 구주가 그런 자신을 찾으러 오셨다고 확신했기 때문이다. 요한은 한 편지에서 이렇게 썼다. "우리가 사랑함은 그가 먼저 우리를 사랑하셨음이라"(요일

4:19).

    클레멘스는 젊은 갱단 리더가 "멈춰서 땅바닥을 응시하다가 무기를 버리고 펑펑 울었다"라고 말한다. 그는 늙은 사도 앞에 무기를 내던지고 긍휼을 구했다. 요한은 그가 구주께 용서받을 수 있다고 말했고, 그의 회개에 하늘 아버지가 기뻐하셨다.

    아동부나 중고등부에서 섬기고 있는 형제자매여, 이것이 당신의 사명이다. 구주는 당신을 찾고 찾아 결국 찾아내셨다. 이제 당신이 복된 소식을 듣고 어린아이들을 찾아갈 차례다. 그들을 끝까지 인내로 키워내야 한다. 앞으로 유치원 공예 시간에 종이를 붙이거나 중학생 아이들과 경기할 때마다 사도 요한의 본보기를 기억하라. 복된 소식으로 인해 행동하라. 그리스도가 당신을 보내셨으니 당신이 맡은 아이들에게 믿으라고 외치라.

    이 책은 복음으로 다음 세대를 키우는 일을 잘 감당하도록 당신을 격려하기 위해 쓰였다. 또 이 일을 잘하도록 당신에게 분명한 전략을 제시할 것이다. 하지만 이 책의 제목에서 보듯이, 이 단순한 사명에서 벗어나기가 쉽다. 사실 우리는 어린이 사역이 어떠해야 한다는 나름의 경험과 가정을 가지고 사역에 임한다. 그래서 복음 중심의 어린이 사역에 관한 전략을 탐구하기 전에 먼저 역사부터 살펴보자. 현재의 어린이 사역이 어디에서 비롯했는지를 생각해보자.

[2장]

가정 사역의 역사에서 얻는 교훈
우리가 하지 말아야 할 것은 무엇인가?

우리 조부모님의 집 맨 꼭대기 층의 긴 복도에는 그림들이 걸려 있는 벽이 있었다. 사촌이 태어난 후 어머니와 이모들이 그 그림 주변에 서서 그 아기가 돌아가신 친척 중 누구를 닮았다고 이야기했던 기억이 난다. 요즘 사람들은 자기 뿌리와 그 역사에 관심이 많은 것 같다. 우리가 어디에서 왔는지를 알면 우리 자신을 이해하는 데 도움이 되기 때문이다.

이것이 내가 마르틴 루터(Martin Luther)를 좋아하는 이유 중 하나다. 루터는 내가 가정 제자 훈련에서 복음의 핵심성과 공동 책임성을 이해하도록 도와준, 과장된 표현을 자주 사용하는 독일인 삼촌과 비슷했다. 다음 세대 복음화를 위한 루터의 계획은 가정에 초점을 맞추는 것으로 시작되었다. 그는 무엇보다도 부

모가 자녀를 가르쳐야 한다고 생각했다.[1]

중세 시대에 직업 성직자 그리고 학교와 수도원 같은 교회 기관은 후대에 신앙을 전해주는 역할에 자긍심이 있었다. 그러나 종교개혁 이후 교회 리더들은 가정 제자 훈련의 회복을 추구했다. 그들은 부모, 특히 아버지가 자녀의 제자 훈련에 적극적인 역할을 해야 한다고 강조했다.[2] 루터는 이 운동의 선두에 서 있었다. 그는 창세기에 관한 강의를 할 때 크리스천 가정을 학교와 교회에 비유했다.

> 아브라함은 자신의 장막 안에 하나님의 집과 교회를 두었다. 이는 오늘날 경건하고 신실한 가정의 머리가 자녀를…경건하게 교육하는 것과 비슷하다. 따라서 이런 집은 사실상 학교요 교회이며, 가정의 머리는 그 집의 주교요 사제다.[3]

루터는 교회가 성직권주의(clericalism) 문화에서 '모든' 신자의 사역이 중요한 문화로 이동하는 데 도움을 주었다. 비텐베르크의 성직자 루터는 일터에서 노동하는 것과 아기 기저귀 가는 일 같은 일상의 평범한 노동까지 모두 의미가 있다고 믿었다. 한 설교에서 그는 자녀 양육에 필요한 고된 노동이 싫어서 결혼하지 않는 남자들을 꾸짖었다.[4] 그는 집에서 하는 노동이 아무리 평범해도 언제나 그 노동을 통해 하나님이 역사하신다고 확신했다. 또 "올바로 전달된 복음에 그 복음의 운동을 위해 마음이 움직이고 열정이 생기는 힘이 있다고 확신했다."[5] 그는 복음을 온전히 전하면 아버지들이 각자의 가정에서 자녀를 제자로 삼는 자들이 될 수 있다고 믿었다.

이 확신은 흔들리지 않았다. 하지만 루터는 1520년대 말 작센주의 시골 교회들을 방문하고서 더 강한 기관이 있어야 할 필요성도 느꼈다. 그 방문 이후 그는 다음과 같이 썼다.

> 좋으신 하나님, 제가 본 상황이 어찌나 안타까운지요. 평범한 사람들, 특히 시골에 사는 사람들은 기독교의 가르침을 전혀 모릅니다. 안타깝게도 많은 목사가 가르침에 부적합하고 무능력합니다. 사람들이 크리스천이 되어 세례받고 성만찬에 참여하지만, 주기도문이나 사도신경, 십계명을 모릅니다. 그들은 돼지와 비이성적인 짐승처럼 살고 있습니다.[6]

이런 안타까운 상황을 본 뒤 루터는 가정뿐만 아니라 교회에서 후원하는 학교에서도 가르칠 수 있는 요리문답을 준비했다.[7] 그는 부모 혼자서만은 자녀를 제대로 훈련할 수 없다고 판단했다. 교회 공동체의 지원이 필요했다.

그리스도를 위해
아이들의 문화를 복음화하라

많은 면에서 현대 가정 사역 운동의 이야기는 루터의 여정을 그대로 보여주고 있다.

1844년 젊은 노동자 남성의 삶을 개선하기 위해 런던에서 YMCA(Young Men's Christian Association)가 설립되었다. 곧 교회들도 이 모델을 차용하여 YPA(Young People's Association)나 CES(Christian Endeavor Societies)를 설립했다.[8] 이 단체들은 현대 청소년 사역의 전신이다.

혹시 궁금한 사람들이 있을지 모르니 오늘날 학생과 어린이 사역 모델을 1940년대와 1950년대까지 거슬러 올라가 보자. 20세기 후반 동안 사춘기 시절의 사회적 기능은 변하기 시작했다. 더는 십대 시절을 어른이 되기 전 거치는 중간 단계로 보지 않게 되었고, 어른이 되기를 거부하는 문화가 형성된 별개의 단계로 보게 되었다.[9]

이에 대한 반응으로 크리스천 리더들은 십대 전도를 위한 조직과 사역을 설립했다. 영 라이프(Young Life, 1941년)와 십대 선교회(Youth for Christ, 1944년) 같은 선교 단체가 설립되었고, 이어서 각 교회에서 연령대에 맞춘 청소년 사역 프로그램을 구성하기 시작했다.[10] 1970년대와 1980년대, 1990년대 청소년 사역 리더들은 청소년 문화를 선교지로 보았다. 그들은 드럼 세트를 설치하고, 조명과 동영상을 활용하며, TV 게임쇼 같은 형식을 차용했다. 이는 "내가 여러 사람에게 여러 모습이 된 것은 아무쪼록 몇 사람이라도 구원하고자 함이니"(고전 9:22)라는 바울의 정신을 따른 것이었다.

그런데 1900년대 말 청소년 사역 운동에는 문제점도 있었다. 연령대와 관심사에 따라 모든 성도를 나눈 분할적이고 프로그램 중심적인 접근법이 나타난 것이다. 이런 분리하려는 모델에서 청소년 그룹, 때로 어린이 사역은 교회의 나머지 부분과 분리된 별개의 공동체를 이루었다. 그리고 이런 그룹에서는 대개 찬송가 합창 같은 전통적인 예배 형태를 거부했다. 청소년 사역 리더들은 교회 전체의 방향, 때로는 신학과 다른 자신만의 방식과 교육 계획을 세웠다.

프로그램 중심적인 청소년 사역 모델의 또 다른 단점은 부모 스스로 자녀를 전도할 수 없다는 인식이 팽배해진 것이다. 흔히 하는 말로 '요즘 아이들을 다루려면' 더 젊고 세련된 청소년 사역 리더들이 필요하다는 생각이 퍼지기 시작했다. 종교개혁 당시 루터는 로마 가톨릭교회 내 성직자와 평신도의 구분에 반대했다. 그런데 그로부터 5백 년도 채 되지 않아 많은 부모가 자기 자녀의 전도와 훈련을 전문가에게 맡기는 것이 최선이라는 생각을 하게 되었다. 티머시 폴 존스(Timothy Paul Jones)는 이런 태도를 '하차 정신'(drop-off mentality)이라고 부른다. "학교 교사는 아이들의 정신을 함양하게 할 주체로 여겨지고, 아이들의 몸을 단련하기 위해 코치를 고용하며, 교회의 전문 교역자는 아이들의 영혼을 키우는 역할을 맡았다."[11]

> **【분할적이고 프로그램 중심적인 사역의 위험】**
> **분할적이고 프로그램 중심적인 사역**은 교인들을 나이와 특별한 관심사에 따라 나누고, 다음 세대의 제자 훈련을 교회 프로그램을 관리하는 전문 교역자에게 위임한다. 이런 접근법에는 다음과 같은 두 가지 위험이 있다.
> **각기 분리된 사역:** 어린이 사역과 중고등부 사역이 이전 세대의 신앙에서 분리되어, 이들은 별개의 공동체를 형성한다.
> **하차 정신:** 부모가 자기 자녀의 전도와 훈련을 전문가에게 맡기는 것이 최선이라고 생각한다.

학생 제자 훈련을
다시 가정으로 가져오다

감사하게도, 종교개혁 당시와 마찬가지로 교회는 분리하려고 하고 프로그램 중심적인 사역에 치우친 상황을 다시 다루었다. 1990년대 말과 2000년대 초, 한 그룹의 가정 사역 리더들이 일어나 이 두 가지 경향에 대한 우려를 표시했다. 이 리더들은 가정 사역 운동으로 알려진 것을 시작하고, 프로그램 중심적인 중고등부 사역과 관련해 창의적인 수많은 대안을 제시했다.

예를 들어, '가정 중심'(family-based) 사역 옹호자들은 기존 연령별 활동에 여러 세대가 함께 어우러지는 활동과 부모 교육 활동을 추가했다. 이런 추가적인 행사와 학습 경험의 목표는 세대들을 하나로 묶는 것이다.[12]

'가정 통합 교회'(family-integrated churches)는 더 급진적이다. 이런 교회는 연령별, 학년별 반과 행사를 아예 없앴다. 이런 교회에는 중고등부나 어린이 사역, 노인 프로그램이 전혀 없다. 모든 세대가 함께 배우고 예배드리며, 부모가 자녀의 복음화와 제자화에 주된 책임을 진다.[13]

많은 교회가 가정 중심 모델과 극단적인 가정 통합 모델 사이의 접근법을 취했다. 그 접근법은 바로 '가정 지원 모델'(family-equipping model)이다. 이 모델을 채택한 교회의 리더들은 '아들과 딸의 신앙과 인격을 형성하기 위한 마스터플랜'을 중심으로 연령별로 나뉜 사역 구조와 가정 내 부모의 자녀 제자 훈련을 개선하고자 했다.[14]

이렇게 학자들과 실천가들이 제안한 해법은 다르지만, 여기에는 두 가지 공통된 목표가 있다. 첫째, 교회와 가정을 연결하여 분리된 것을 다시 합친다. 둘째, 부모가 다음 세대를 위한 주된 신앙의 훈련 담당자가 되도록 지원한다.

가정에 초점을 맞추는 것은 잘못일까?

나는 스스로 가정 사역 운동의 옹호자라고 생각한다. 하나님은 모든 세대를 위하시며, 어린이와 학생들은 사랑 많은 부모와 선교적 교회 공동체의 영향력이 합쳐질 때 유익을 얻을 수 있다. 지난 15년간 어린이, 중고등부, 가정 사역을 하면서 작센주에 다녀온 뒤의 루터처럼 열정이 사라지는 경험을 여러 번 했다.

【표 2.1】 수학 기호로 풀어낸 가정 사역 운동[15]

÷	**분할적이고 프로그램 중심적 사역**은 교인들을 나이와 특별한 관심사에 따라 '나누고', 다음세대의 제자 훈련을 교회 프로그램을 관리하는 전문 교역자에게 위임한다.
+	**가정 중심 사역**은 기존 연령별 활동에 여러 세대가 함께 어우러지는 활동과 부모 교육 활동을 '더한다.' 청소년과 어린이 사역, 노년 사역 등은 유지하되 모든 세대를 하나로 묶기 위한 행사와 학습 경험을 제공한다.
−	**가정 통합 사역**은 단연 가장 급진적이다. 이런 접근법은 연령별, 학년별 반 행사를 아예 '뺀다.' 중고등부나 어린이 사역, 노인을 위한 프로그램이 전혀 없다. 모든 세대가 함께 배우고 예배드리며, 부모가 자녀의 복음화와 제자화에 주된 책임을 진다.
×	**가정 지원 사역**은 부모를 훈련하고 신구 세대가 함께 어우러지며, 성도들에게 다음세대의 제자화를 위한 자원을 제공할 수 있도록 활동과 행사를 바꾸어, 연령별 구조 효과를 '배가한다.'

가정 제자 훈련에 관한 우리의 이상이 때로 더 중요한 책임에 걸림돌이 된다는 점이 특히 걱정스럽다. 더 중요한 책임은 바로 아이들에게 복음을 가르치는 것이다.

주로 두 가지 걸림돌이 나타난다.

첫째, 가정 제자 훈련을 제대로 하기만 하면, 저절로 신앙 있는 자녀가 될 것으로 믿기가 쉽다. 가정 사역 운동 초기에 대학 진학 후 신앙을 떠나는 아이들에 관한 충격적인 통계를 자주 접했다. 그래서 많은 리더가 젊은이들이 신앙을 떠나지 않도록 교회에 새로운 가정 제자 훈련 전략을 제시했다.[16] 옳은 반응이지 않은가?

아이들이 나이를 먹어서도 그리스도께 붙어 있게 만들어야 한다. 젊은이가 무법자들과 함께 산으로 들어가지 않게 할 확실한 전략이 필요하다.

하지만 전략의 문제점은 자칫 너무 큰 기대를 품게 할 수 있다는 것이다. 가정 제자 훈련 전략만 제대로 실행하면 완벽한 신앙을 갖춘 자녀로 양육할 수 있다는 인상을 주면, 거짓 복음을 제시하는 것이다. 그것은 미묘한 형태의 율법주의다. 데이브 하비(Dave Harvey)는 이것을 "결정론적인 양육의 거짓 희망"[17]이라고 했다.

오해하지는 말라. 크리스천 부모는 자녀의 미래에 기대를 품어야 한다. 가정과 교회에서 복음으로 교육받은 자녀라면 기대할 만하다(고전 7:14). 그 아이들은 주님의 선하심을 보고 맛볼 기회를 누렸다(시 34:8). 하지만 아이들이 끝까지 크리스천으로 남도록 보장하는 공식 따위는 없다. 부모와 가정 사역 리더는 모두 다음 세대에 복된 소식을 충성스럽게 가르칠 책임을 다한 뒤에 결과는 어디까지나 주님께 맡겨야 한다. 구원은 하나님의 역사다. 가정 예배를 드리고 제자 훈련을 꾸준히 한다고 해서 아이의 반항을 완전히 막을 수는 없다. 명심하라. 완벽하신 우리 아버지께도 탕자가 있었다(눅 15:11-32). 그런데 우리 자녀의 삶에는 방황하는 시기가 없으리라고 확신할 수 있겠는가?[18] 우리가 이 부분에서 좀 더 솔직하게 말해주면 부모들은 불필요한 죄책감에 시달리지 않을 수 있다. 그리고 그들은 영적으로 방황하는 아이들을 울타리 안으로 다시 받아주는 가정 환경을 조성할 수 있다.

둘째, 가정 사역의 이상을 강조하다가 잃은 자를 전도하는 일에 소홀해질 수 있다. 가정 사역은 전반적으로 부모를 자녀의 주된 신앙 훈련 책임자로 본다. 이것은 실제로 성경적이다(신 6:1-12; 시 78:1-8). 하지만 부모가 없거나 불신자이거나 미성숙한 부모를 둔 아이는 어떻게 해야 하는가? 케빈 존스(Kevin Jones)는 다음과 같이 말했다.

> 나는 부모가 아이의 마음을 '가장' 헤아리지 못하는 경우를 많이 보았다. 부모는 유해할 수 있다. 부모는 어린 신자의 성장과 발달에 도움을 줄 수도 있고, 영적인 해를 끼칠 수도 있다. 가장 좋은 상황이라면, 아버지와 어머니가 자녀에게 영적으로 좋은 영향을 미치는 경우다. 하지만 하나님이 우리를 두신 환경이 항상 최상인 것은 아니다. 어린 크리스천이 영적으로 성장하지 못하는 이유 중 하나가 부모일 수도 있다.[19]

나는 가정 사역의 이상에 따라 교회 공동체들과 교회 전체에 대대적인 변화를 추진해야 한다고 주장하는 친구들과 교회 리더들을 많이 보았다. 앞서 가정 통합 교회들이 프로그램 중심의 분할적인 사역에 어떻게 극단적으로 반응했는지를 이야기했다. 내가 볼 때 이 접근법의 장점은 아이들이 모든 세대가 어우러진 교회 생활을 경험할 수 있다는 점이다. 이런 경험은 아이들의 성장에 필수적이다.[20] 하지만 가정 제자 훈련을 강조하되 그것이

> **【가정에 초점을 맞출 때의 위험성】**
> **결정론적 양육의 거짓 복음:** 가정 제자 훈련만 제대로 하면 자녀가 저절로 신앙인이 될 것으로 믿는다.
> **복음을 방해하는 사회적 울타리:** 가정 사역의 이상을 강조하다가 잃은 자들을 찾는 일보다 우선하게 될 수 있다.

지상 대명령보다 더 중요해지지는 않도록 해야 한다(갈 2:11-14).

어릴 적부터 훈련받은 아이들은 긴 설교 내내 나무 의자에서 장난감 자동차를 굴리지 않고 참을 수 있다. 하지만 교회에 등록하지 않은 방문자와 새 신자도 그럴 수 있을까?[21] 가정 사역의 이상을 추구하되 복음을 방해하는 사회적 울타리를 세우지 않도록 조심해야 한다.

여러 세대가 상호 작용하는 교회를 추구하되 믿지 않는 가정에서 온 아이들을 배려하고 연령대별 교육의 장점을 활용하는 접근법도 필요하다(7장을 보라). 생각해보라. 어린아이들이 왜 이해하지도 못하는 설교를 듣기 위해 내내 앉아 있어야 하는가? 성경 안에도 공개적으로 가르쳐야 하는 부분(딤후 3:16-17)이 있는가 하면 어린이가 아닌 어른이나 나이가 좀 더 많은 십대에게 적합해 보이는 부분(아 8:4)이 있다. 일부 잠언 말씀은 아이들에게 적합해 보인다(잠 1:8, 시 119:9-16 참고). 그러므로 우선순위를 올바로 유지해야 한다. 교회가 다음 세대를 제자로 훈련하는 목적은 아이들이 예배 시간에 조용히 앉아 있게 하려는 게 아니다. 그 목적은 아이들이 구주에 관해 듣고 하나님의 은혜로 변화되는 것이다.

【표 2.2】 가정 사역 운동 모델의 잠재적 위험들

분할적이고 프로그램 중심적인 사역
각 세대의 신앙 표현이 서로 구분되어 있기 때문에 세대 간 영향력이 떨어질 수 있다. 더 나아가, 크리스천 부모들은 자녀의 제자 훈련에 대한 주된 책임이 사역 리더들에게 있다고 생각할 수 있다.

가정 중심 사역
가정의 행사는 기획할 수 있지만, 크리스천 부모들이 가정 제자 훈련을 잘 이끌도록 지원하는 전략은 때로 덜 분명하다. 사역 리더들을 전문 신앙 훈련 책임자로 보는 하차 정신을 충분히 다루었는지도 아직 불확실하다.

가정 통합 사역
교회에 다니는 가정에만 초점을 맞추기 쉽다. 즉, 교회를 교회 다니는 가정의 가족으로 보기 쉽다. 이 이상이 교회의 선교적인 목적인 잃은 자들의 전도보다 우선시될 수 있다. 이렇게 범위가 좁은 가정 통합 모델은 탁아방 문화를 받아들이지 못하고, 안 믿는 부모를 둔 아이들에게 다가갈 수 없다.

가정 지원 사역
의도적으로 부모를 지원하다 보면, 때로 기독교 배경이 아닌 가정을 소외시킬 수 있다. 더 나아가, 신앙 유지율이 낮은 상황을 뒤집으려는 전략으로 이런 가정 사역 모델을 제시하는 경우, 가정 제자 훈련만 제대로 하면 자녀가 저절로 신앙인이 될 것이라는 잘못된 관념을 얻을 수 있다. 이것은 결정론적인 양육의 거짓 복음이다.

가정 사역의 역사는 여기까지 탐구하기로 하고, 이제 복음 중심의 사역 전략을 살펴보자. 나는 복음이 어린이 사역의 목표에 최소한 네 가지 영향을 미친다고 생각한다. 복음은 우리의 환대, 가르침, 제자 훈련, 선교에 영향을 미친다(【표 2.3】을 보라). 다음 여덟 장에 걸쳐서 이 핵심적인 영역을 차례로 살피면서 당신이 다음과 같이 하도록 격려하고자 한다.

【표 2.3】복음이 어린이 사역의 목표에 미치는 영향

환대	가르침	제자 훈련	선교
복음이 묻어나오는 태도: 예수님의 이름으로 아이들을 환영한다.	**복음 중심의 메시지:** 메시지의 내용이 중요하며, 그 핵심은 예수님이어야 한다.	**복음으로 형성된 정체성:** 그리스도의 십자가가 크리스천 삶 전체를 형성한다.	**복음이 이끄는 증언:** 모험적이고 용감한 믿음은 하나님에게서 나온다.

- 아이와 가족들과 관계 맺고자 환영하는 환경을 조성한다.
- 복음 중심의 성경 교육으로 아이들과 가정을 그리스도께 인도한다.
- 가정이 영적 여정의 다음 단계를 밟으며 성장하도록 돕는다.
- 복음 중심의 사명으로 아이와 가정을 파송하며 함께한다.

나는 이런 전략과 방법의 효과를 확신한다. 이것들이 성경적이고 중요하다고 생각한다. 하지만 동시에 결과에 대한 지나친 확신을 늘 경계하고 있다. 이런 전략은 완벽한 해법이 아니다. 독자들이 그렇게 오해하기를 바라지 않는다. 이런 방법을 가르치는 목적은 당신이 사명(아이들에게 복음을 전하는 일)을 주된 것으로 유지하도록 돕는 것이다. 하나님은 부모와 교회가 다음 세대의 복음화를 위해 파트너로서 협력하도록 부르셨다. 궁극적으로 우리는 더 큰 목적을 위한 수단으로써 협력하고 있다. 그 목적은 다음 세대가 예수님을 알고 사랑하게 되는 것이다.

【1부 돌아보기】

어린이 사역을 위한 복음 중심의 비전

각 부의 끝에 사역에 적용하기 위한 질문과 더 깊은 연구를 위한 자료를 수록했습니다. 계속 읽기 전에 시간을 내어 이 질문에 관해 고민하고, 당신의 교회에서는 사역을 어떻게 하고 있는지를 돌아보기 바랍니다.

사역에 적용하기 위한 질문

1.

고린도전서 1장 31절-2장 5절을 읽어보십시오. 이 구절에서 어떤 진리가 눈에 들어옵니까? 당신의 평상시 사역 태도는 여기서 바울이 기술한 사역의 비전과 어떻게 다릅니까? 이 성경적인 모델을 더 잘 구현하기 위해 당신의 사역에서 꼭 바꾸어야 할 부분이 있다면, 한 가지를 말해보십시오.

2.

부모는 자녀에게 신앙을 전해주어야 하지만(신 6:1-12), 복음에 걸림돌이 될 정도로 가정을 우상화하고 이상화할 수 있습니다. 혹시 당신 교회의 부모들이 '하차 태도'에 빠져 있지는 않습니까? 즉 교회 전문가가 자기 자녀를 가르치는 주된 책임자라고 생각하지는 않습니까? 혹은 가정을 지나치게 우선하는 생각, 즉 부모의 개인적인 가치관을 물려주고 가정 제자 훈련과 교육을 잘 진행하면 좋은 결과가 보장된다는 생각에 빠져 있지는 않습니까?

3.

【표 2.1】과 【표 2.2】를 다시 보십시오. 당신은 어떤 가정 사역 모델을 추구하고 있습니까? 또 그 이유는 무엇입니까? 그 접근법에 어떤 성경적 근거가 있습니까? 그것이 당신의 사역 배경에서 옳은 선택이라고 생각하는 이유는 무엇입니까? 그리고 그 접근법에는 어떤 단점이 있습니까?

이 질문에 관해서 고민한 뒤에는, 부모나 리더나 다른 교인들이 이 질문에 뭐라고 답할지를 생각해보십시오. 당신 교회의 접근법과 가장 가까운 가정 사역 모델은 무엇입니까? 당신 교회의 현주소를 솔직하게 평가하십시오. 먼저 현재 상태를 인정하지 않고서는 목표를 향해 나아가는 것은 불가능합니다.

더 깊은 연구를 위한 참고 자료

Pat Cimo and Matt Markins, *Leading KidMin: How to Drive Real Change in Children's Ministry* (Chicago: Moody, 2016).

Reggie Joiner, *Think Orange: Imagine the Impact When Church and Family Collide* (Colorado Springs: David C. Cook, 2009), 「싱크 오렌지」(디모데 역간).

Timothy Paul Jones 등, *Perspectives on Family Ministry*, 2nd ed. (Nashville, TN: B&H Academic, 2019), 「가정 사역 패러다임 시프트」(생명의말씀사 역간).

Marty Machowski, Deepak Reju, *Build on Jesus: A Comprehensive Guide to Gospel-Based Children's Ministry* (Greensboro, NC: New Growth Press, 2021).

David Michael, *Zealous: 7 Commitments for the Discipleship of the Next Generations* (Minneapolis: Truth78, 2020).

2부

환영하는 환경을 조성하라

【3장】

입구에서 예수님 만나기

아이들과 가족들을 환영하고 포용하라

하루는 제자들이 한 가지 질문을 들고 예수님을 찾아왔다. "천국에서는 누가 크니이까?"(마 18:1) 같은 장면을 기록한 누가복음 9장 46-48절을 보면 제자들은 누가 가장 크게 될지를 놓고 논쟁을 벌이고 있었다. 제자들의 질문은 이런 뜻이다. "저일까요? 제가 승진될까요?" 당신이라면 이렇게 지나치게 야심만만한 목사 훈련생들을 어떻게 다루겠는가? 예수님은 이런 자기중심적인 질문에 두 가지 반문화적인 답을 내놓으셨다. "아이들처럼 되고 아이들을 환영하라."

예수님에게 아이들을 환영하는 일은 메인 로비에 있는 거대한 정글짐이나 가족 전용 입구에서 시작되지 않았다. 환영 현수막을 걸거나 아이들의 이름을 부르며 미소로 환대해주는 것으로 시작되지도 않았다. 우리 구주가 아이들을 환영하는 일은 어린아이의 자세를 취하는 데서 시작되었다. 제자들이 하나님나라에서 누가 더 클지를 놓고 입씨름을 벌이는 동안 예수님은 한 아이를 불러 제자들의 한가운데 세우셨다. 그러고서 이렇게 말씀하셨다. "진실로 너희에게 이르노니 너희가 돌이켜 어린아이들과 같이 되지 아니하면 결단코 천국에 들어가지 못하리라"(마 18:3).

예수님 당시 유대인도 우리처럼 생물학적 가족 관계, 입양으로 이루어진 가족 관계를 중요하게 여겼다. 구약은 자녀를 유산이요 하나님의 상급으로 묘사한다(시 127:3). 아이들은 하나님의 백성을 향한 그분의 약속에서 중심적인 역할을 했다(창 3:15; 12:2; 15:5).[1] 하지만 다른 한편으로 유대인은 아이들을 낭만적으로 묘사하지 않았다. 1세기 팔레스타인에는 아기 간식 광고도, 아기 옷 상점도, 이달의 아기 달력도 없었다. 구약을 포함한 당시 유대 문학은 청소년과 아동을 현실적으로 그린다. 즉 지속적인 징계가 필요한 미성숙하고 어리석은 존재로 그린다.[2]

주디스 건드리 볼프(Judith Gundry Volf)에 따르면, 유대 문학에서 절대 볼 수 없는 것은 "어른들의 본보기로 제시된 아이들이다. 그리스 로마 문화(당시 지배적인 문화)에서 아이들과 비교되는 것은 심한 모욕이었다."[3] 따라서 아이들처럼 되어야 하나님나라에 들어갈 수 있다는 예수님의 대답은 실로 충격적인 발언이었다.

성숙과 지혜는 나이와 함께 찾아온다. 그런데 왜 거꾸로 가야 하는가? 우리 구주의 대답은 이렇다. "누구든지 이 어린아이와 같이 자기를 낮추는 사람이 천국에서 큰 자니라 또 누구든지 내 이름으로 이런 어린아이 하나를 영접하면 곧 나를 영접함이니"(마 18:4-5). 예수님은 아이들의 낮고 겸손한 지위 때문에 제자들에게 아이들과 같은 자세를 요구하셨다.[4] D. A. 카슨(Carson)은 이렇게 말했다. "아이의 순진함, 순결함, 믿음이라는 속성 때문이 아니라 겸손함, 사회적 지위에 관심을 두지 않는 속성 때문에 그렇게 말씀하신 것이다."[5] 예수님이 제자들에게 아이처럼 되라고 하신 것은 아이들이 스스로 대단한 척하지 않기 때문이다. 아이들은 스스럼없이 변을 보고 울고 즐거워한다. 제자들이 아이만큼이나 부족한 존재라는 사실을 예수님은 그들이 알기를 바라셨다. 또한 예수님은 우리도 그러기를 원하신다.

어릴 적에 넘어져서 앞니 두 대가 부러진 적이 있다. 그래서 거기에 가짜 이를 씌워두었다. 그런데 어느 토요일 밤에 부러졌던 이에 씌운 것 하나가 흔들렸다. 설상가상으로 다음 날 아침 주일학교 예배 시간에 설교하기로 되어 있었다. 설교하던 중 한 녀석이 계속해서 나를 가리키며 말했다. "선생님, 이가 이상해요!" 녀석의 말이 맞았다. 그리고 설교를 마치기도 전에 그 앞니가 빠져버렸! 이런 굴욕적인 순간 덕분에 내 앞에 앉아 있는 아이들만큼이나 나 역시 부족한 존재라는 사실이 드러났다. 사실, 우리는 처음부터 이 점을 제대로 인식해야 한다.

예수님의 첫 제자들처럼 오늘날의 크리스천도 자신이 중요한 존재라고 생각하는 경향이 있다. 우리는 복음 중심적인 책들을 읽고 제자 훈련 기술을 익혔다. 또 우리 중 적지 않은 사람이 크리스천 공동체에서 어느 정도 지위를 차지하고 있다. 꼭 인스타그램 팔로워가 수천 명이 아니더라도, 대단한 상을 타지 않았더라도 자신이 남들보다 대단하다고 생각하는 사람이 무수히 많다. 어린아이의 겸손을 본받으라는 예수님의 명령은 바로 이런 특권 의식과 교만을 겨냥한 것이다. 예수님은 큰 자가 되려는 이들에게 지위에 대한 갈망을 버려야 한다고 말씀하신다.

『순전한 기독교』(Mere Christianity, 홍성사 역간)에서 C. S. 루이스는 겸손하라는 명령을 이해하는 이들도 거만함에 빠질 수 있음을 지적하고 있다.

> 진정으로 겸손한 사람을 만나면 오늘날 대부분 사람이 '겸손한 자'라고 부를 법한 사람일까? 전혀 그렇지 않다. 그는 부드럽고 나긋한 사람이 아닐 것이다. 항상 자신은 아무것도 아니라고 말하는 사람도 아닐 것이다. 필시 그는 당신의 말에 진정한 관심을 보이는 유쾌하고 지적인 사람일 것이다. 당신이 그를 마음에 들어하지 않는다면 그것은 너무 편하게 사는 모습이 살짝 부럽기 때문이다. 그는 겸손에 관해 생각하지 않는 사람일 것이다. 아니, 아예 자신에 관해서 생각하지 않을 것이다.[6]

스스로 큰 자라고 생각하는 이들을 위한 처방은 자신이 교만하다는 점을 인정한 다음, 몸을 숙여 낮은 자들을 섬기는 것이다. 특히 예수님이 말씀하신 "작은 자"를 섬긴다(마 18:10). 바로 이것이 복음으로 충만한 삶의 모습이다. 예수님은 제자들, 더 나아가 우리를 섬기려고 몸을 구부리심으로써 겸손의 본을 보여주셨다(요 13:1-17; 빌 2:1-11). 이제 우리도 예수님이 우리를 먼저 사랑해주신 것처럼 낮은 자들을 사랑하고 섬겨주어야 한다(요일 4:19).

아이들을 환영하라는 복음의 명령

어린이 사역은 교회가 직면한 가장 큰 난제 중 하나다. 시설에서 커리큘럼, 출석 확인, 안전, 양질의 팀 영입과 훈련, 냄새가 새어나가지 않는 양질의 기저귀 묶음을 어디에서 살지까지 생각할 것이 너무도 많다. 도무지 어디에서 시작해야 할지 감이 잡히질 않는다. 나는 설교와 예배에 관해서는 분명한 비전을 품고 있지만, 어린이 사역에 관해서는 두 손을 놓은 목사들을 많이 보았다.

나는 동역하는 어린이 사역자들에게 먼저 속도를 늦춰 아이들과 그 부모들과 함께하려는 노력부터 하라고 조언한다. 다시 말해, 이는 아이들을 예수님의 이름으로 환영해주는 것이다. 복음에서 비롯한 이런 환대는 세 가지 요소를 포함한다. 겸손한 기도, 따뜻한 환영, 아이들과 관계를 쌓을 수 있도록 그들을 귀하게 여기는 것이 그 요소다.

첫째, 기도하라. 무릎으로 시작하라(마 7:11; 18:3-4). 부모나 어

> **【복음에서 비롯한 환대】**
> **복음에서 비롯한 환대**는 속도를 늦춰 아이들과 그 부모들과 함께해주는 것이다. 다시 말해, 이는 아이들을 예수님의 이름으로 환영해주는 것이다.

린이 사역자, 교사로 오랫동안 아이들을 가르치다 보면 아이로 인해 무릎 꿇고 항복하고 싶어질 때가 있다. 하지만 그럴 때 우리는 기도로 무릎을 꿇고 아이처럼 부르짖어야 한다. 앞서 우리는 마태복음 18장 3-4절에서 아이처럼 겸손해져야 한다는 예수님의 명령을 살펴보았다. 하지만 예수님은 이미 산상수훈에서 제자들에게 아이와 같은 겸손이 실제로 어떤 모습인지를 가르쳐주셨다. 그 모습에는 아이와 같은 기도가 포함된다. 아기는 걸음마를 하기도 전에 젖을 달라고 운다. 좋은 부모는 그 울음에 응답하여 아기의 필요를 채워준다. 마태복음 7장 11절에서 예수님은 이렇게 말씀하신다. "하늘에 계신 너희 아버지께서 구하는 자에게 좋은 것으로 주시지 않겠느냐?"

플레처 랭(Fletcher Lang)은 매사추세츠주 서머빌 소재 시티 온 어 힐 교회(City on a Hill Church)의 담임목사다. 그가 그 교회에서 처음 어린이 사역 문화를 단단하게 구축하던 시절에 관해 대화를 나눈 적이 있다. 그때 그는 "기도하고 또 기도하고 또 기도했습니다." 그의 말이 옳다. 하나님이 역사하지 않으시면, 어린이 사역은 절대 효과적일 수 없다. 그리고 우리가 자신을 겸손히 낮추어 부족함을 인정하고 필요한 것을 구하기 전에는 하나님의 역사를 기대할 수 없다.

기도는 수용적이고 하나님을 의지하는 복음의 자세다. 그리스도는 그런 자세를 취하는 것이 우리 사역의 분위기가 되기를 바라신다. 기도로 그리스도께 나아가면 그분은 우리를 환영해주시고, 다시 우리가 가족들을 잘 환영하도록 이끌어주신다. 이것이 히브리서 10장 19-25절에서 발견할 수 있는 본보기다.

> 그러므로 형제들아 우리가 예수의 피를 힘입어 성소에 들어갈 담력을 얻었나니 그 길은 우리를 위하여 휘장 가운데로 열어 놓으신 새로운 살 길이요 휘장은 곧 그의 육체니라 또 하나님의 집 다스리는 큰 제사장이 계시매 우리가 마음에 뿌림을 받아 악한 양심으로부터 벗어나고 몸은 맑은 물로 씻음을 받았으니 참 마음과 온전한 믿음으로 하나님께 나아가자 또 약속하신 이는 미쁘시니 우리가 믿는 도리의 소망을 움직이지 말며 굳게 잡고 서로 돌아보아 사랑과 선행을 격려하며 모이기를 폐하는 어떤 사람들의 습관과 같이 하지 말고 오직 권하여 그날이 가까움을 볼수록 더욱 그리하자.

히브리서 10장은 단순히 교회에 가서 다른 사람들을 격려하라고 권하는 구절이 아니다. 다른 사람의 곁을 지켜주라는 것은 그리스도의 임재를 근거로 한 명령이다. 예수님은 그분의 살과 피로 우리를 구원하셨으며 지금 우리를 붙들어주신다. 그분은 우리를 깨끗하게 씻기고 그분의 보좌 앞으로 환영해주신다. 그분이 우리를 임재 가운데로 환영해주셨기 때문에 이제 우리도 사랑, 선행, 함께함으로 다른 사람들을 받아줄 수 있다.

따라서 이번 주에 아이들과 그 가족들을 환영하기 전에 다른 교사의 손을 붙잡거나 어린이 사역팀 전체가 함께 모여 하나님의 보좌 앞으로 나아가라. 기도로 시작하라. 하나님께 환영받은 일을 기억하며 아이들과 그 가족들을 환영해주라.

둘째, 문을 열라. 아이들과 그 가족들을 따뜻하게 환영하라(마 18:5). 『아이들에게 최고의 시간을 선사하는 어린이 사역』(Making Your Children's Ministry the Best Hour of Every Kid's Week)라는 책에서 수 밀러(Sue Miller)와 데이비드 스탈(David Staal)은 아이들을 타깃으로 하는 어린이 사역 환경을 조성하고 싶은 열망을 표현했다. 그들은 어린이 사역자들에게 이런 질문을 던지라고 권한다. "우리가 아이들이 정말로 좋아할 만한 일을 하고 있는가? 아이들이 부르고 싶은 음악을 부르는가? 아이들이 이해할 수 있는 방식으로 교훈을 가르치는가? 과연 아이들은 믿지 않는 친구를 이곳으로 초대하기를 바랄까?" 그들의 목표는 아이들이 주일 예배를 경험한 뒤에 '바로 이거야!'라고 생각하게 되는 것이다.[7] 어린이 사역의 환경은 밝고 재미있으며 아동 친화적이고 안전해야 한다. 아이들이 오고 싶은 분위기여야 한다. 새로 온 친구들을 위해 적절한 표지를 마련하고, 출석 프로그램을 사용하고 있다면 프로그램이 사용자 친화적이고 최신일 때 부모들에게 좋은 인상을 심을 수 있다.

하지만 아동 친화적인 시설과 활동은 첫 단계일 뿐이다. 아이들과 그 가족들에게 개인적으로 문을 여는 것도 중요하다. 교회의 사명과 비전에 열정을 품은 부모들을 찾으라. 그들을 매주 어린이 예배실 입구에 배치하고, 새 가족들과 관계를 쌓게 하라. 이 새 가족 환영 교사들을 쉽게 알아볼 수 있도록 이름표를 몸에 달거나 목에 걸거나 통일된 디자인의 티셔츠를 입으라. 어린이 예배실의 문을 열어줄 교사를 모집할 때 외향적이고 환영하길 좋아하는 사람들을 찾으라. 단순히 따뜻한 사람이 아니라 '따뜻한 리더'를 찾아야 한다.

웨스트버지니아주 찰스턴 소재 바이블 센터 교회의 목사 맷 프렌드(Matt Friend)는 어린이 사역 팀원들에게 아이들을 따뜻하게 환영하도록 가르치면서 세 단어를 기억하라고 말한다. 그것은 바로 '찾으라, 눈높이, 사랑'이다. 리더들은 교회에 새로 온 사람뿐 아니라 아침에 힘든 일을 겪은 사람을 '찾아야' 한다. 그들에게 다가가 그들의 아이들과 적극적으로 상호 작용하라. 아이들의 '눈높이'로 내려가고, 그들의 이름과 관심사를 물으며 기억하고 '사랑'을 표현하라.

소소히 나누는 작은 대화가 사역의 가장 중요한 부분 중 하나다. 버지니아 워드(Virginia Ward), 레지 조이너, 크리스틴 아이비(Kristen Ivy)에 따르면 "대화의 주제가 상대방의 관심을 끄는 것일 때 특히 더 그렇다."[8] 새 가족 곁에 오래 머물며 그들에게 귀를 기울이면서 그들을 소중히 여긴다는 사실을 보여줄 수 있다. 상대방이 했던 말을 예배가 끝난 뒤에도 기억해주며 감사 편지나 선물을 건네면, 우리가 시간을 투자한 만큼 그들을 소중히 여긴다는 사실을 한 번 더 확인시켜줄 수 있다.

셋째, 아이들을 공동체의 일원으로 소중히 여기라(마 18:10, 12-14).[9]

아이들에 대한 우리 사회의 접근법은 주로 소비자 같은 태도를 기반으로 한다. 신혼부부는 재정적인 부담 때문에 아이를 원치 않는 경우가 많다. 어떤 이들은 아이를 가지면 삶의 공백이 채워질 것으로 막연히 생각한다. 나이가 어느 정도 있는 부모들은 조급해한다. '나는 아이들에게 정말 많은 것을 쏟아부었어. 녀석들이 어서 빨리 보답해줬으면 좋겠어.' 그런데 사역에서도 아이들을 목적을 위한 수단으로 보는 모습이 자주 나타난다. '부모를 전도하려면 아이들을 공략해야 해. 아이들이 교회를 좋아하지 않으면 부모도 교회에 오려고 하지 않을 거야.' 하지만 이런 말은 아이들에게서 얻을 수 있는 것으로 그들의 가치를 가늠하는 것이다.

예수님의 시각은 다르다. 예수님께서는 어린아이들이 더없이 귀한 존재다. 그러므로 아이들을 업신여기지 말아야 한다. 그들의 천사들이 하늘 아버지의 얼굴을 보기 때문이다. 구주는 단 한 명의 아이도 멸망하기를 원치 않으신다(마 18:10, 12-14). 예수님은 이렇게까지 말씀하셨다. "누구든지 내 이름으로 이런 어린아이 하나를 영접하면 곧 나를 영접함이니"(5절). 예수님은 아이들을 공동체의 일원으로 가치 있게 여겨야 한다고 말씀하신다.

유아 세례를 베푸는 교회들은 신앙 고백을 통해 아이들을 신앙 공동체의 일원으로 인정한다.[10] 침례교나 일부 복음주의 교회에서는 아이들을 신앙 공동체의 일원으로 인정하기 전에 신앙 고백을 요구한다. 하지만 아이들을 정식 교인으로 받아들일지 여부에 관한 교리의 차이와 상관없이, 우리는 모두 아이들

【아이의 이름을 기억하라】[11]

교회 안에서 아이들의 이름을 알고 기억하는 습관을 기르려면 어떻게 해야 할까? 다섯 가지 아이디어를 제안한다.

1. 아이의 이름을 큰소리로 말하라

처음 이름을 들으면 즉시 다시 말해보라. 아이와 대화하면서 다시 불러본다. 그런 다음 세 번째로, 다른 사람을 그 대화에 참여하게 하면서 아이의 이름을 큰 소리로 말한다. 이런 식으로 환영팀은 아이를 반 선생님에게 데려다주기 전에 최소한 세 번 이름을 말할 수 있다.

2. 아이의 이름을 정확히 발음하라

정확하게 발음하기를 포기하지 말라. 올바로 발음할 때까지 반복한다. 등록 카드에 적힌 아이의 이름을 미리 파악해두고, 최대한 입 밖으로 소리 내어 불러본다. 아이의 이름을 정확히 발음해주는 것은 그가 속한 역사, 가족, 문화를 존중해주는 것이다.

3. 아이의 이야기를 발견하라

아이와 개인적으로 깊은 관계를 쌓고 싶다면, 아이의 이름에 담긴 이야기에 관해 더 파악하라. 조상에 관한 흥미진진한 이야기를 듣게 될지도 모른다. 혹은 이름에 중요한 상징적인 의미가 있다는 사실을 알게 될 수도 있다.

4. 아이의 이름을 어딘가에 적으라

크레용이나 네임펜으로 도화지나 활동지 뒤에 이름을 적어보면, 기억하기가 훨씬 더 쉬워진다. 자주 볼 수 있도록 아이의 이름을 반 명부나 카드에 기입하라.

5. 그 이름을 놓고 수시로 기도하라

사적으로 누군가를 위해 이름을 부르며 기도하면 그 사람을 보는 시각이 달라진다. 공개적인 자리에서 누군가를 위해 이름을 부르며 기도하면, 그 자리에 있는 사람들이 그 사람을 보는 시각이 달라진다. 당신이 가르치는 아이들을 위해 기도 달력을 만들고 매주 그들을 위해 기도하라.

에 관한 신약의 가르침을 받아들여야 한다.

예수님은 아이들을 업신여기거나 쫓아버리지 말아야 한다고 말씀하신다. 왜냐하면 "천국이 이런 사람의 것이[기 때문이다]"(마 19:14). 바울의 편지를 받은 교회들은 이 가르침대로 따랐던 것이 분명하다. 바울이 자신의 편지가 읽힐 때 회중 속에 아이들이 있을 것으로 가정하고서 아이들에게 직접적으로 말하고 있기 때문이다(골 3:20). 더 나아가 그는 아이들을 '주 안에 있는' 자들로 보고서 말하고 있다(엡 6:1). 그는 이 아이 중 적어도 일부는 이미 그리스도 안에 있고, 그래서 하나님의 말씀을 듣고 믿고 따를 수 있다고 보았다. 아이들이 교회 공동체에 참여하지 못하면 아이들만 손해인 게 아니다. 신약에서는 아이들이 참여하지 않으면 교회 전체가 손해라고 말한다.

아이들에 관한 성경의 기록을 진지하게 받아들인다면, 신앙 공동체에 그들의 존재가 중요하다는 사실을 믿어야 한다. 로버트 킬리(Robert J. Keeley)는 교회 공동체의 삶에 아이들을 참여하게 할 다양한 방법을 소개한다. 가장 실용적인 방법 중 하나는 단순히 아이들에게 실제로 할 수 있는 일을 주는 것이다. 킬리의 설명을 들어보자.

> 아이들과 청년들은 진정한 일을 통해 교회의 삶에 참여해야 한다. 여기서 '진정한'은 도움을 줄 뿐 아니라 도움받을 수 있는 일을 의미한다. 그들이 자기 역할을 하지 않으면 공동체 전체가 힘들어진다고 느껴야 한다.[12]

계속해서 킬리는 자신의 교회에서 사용하는 한 프로그램을 소개한다. 그것은 초등학생들에게 촛불을 켤 기회를 주는 것이다. 한 아이에게는 예배 시작 때 성경을 들고 성전 안으로 행진하고서, 예배가 끝나면 다시 성경을 들고 밖의 세상으로 행진하는 역할을 맡긴다. 또한 그는 자기 교회에서 십대를 탁아방에서 일하고, 예배 시간에 악기를 연주하고 음향 장비를 조작하는 '정식 시민'으로 여긴다고 했다.[13]

킬리의 조언을 보노라면, 내 어릴 적 경험이 생각난다. 중학교 시절 나는 중고등부 친구들과 교회 집사님들에게 차출되어 헌금 바구니를 돌리는 일을 맡았다. 집사님들은 내 이름을 알았고, 나도 여전히 그들을 기억하고 있다. 그뿐 아니라 내 첫째 딸과 딸의 친구들이 우리 교회의 환영팀으로 구성되어, 커피를 타고 게시판을 옮겼던 일도 생각난다. 교회 리더들이 예배를 비롯한 행사를 계획할 때 다음 세대를 염두에 두고 아이들이 어른들과 나란히 섬기도록 하면, 아이들은 자신이 교회 공동체에 중요한 존재임을 인식하게 된다.

더 중요한 사실은 아이들이 커갈 때 교회의 삶에 기여할 기회를 얻으면, 신앙의 길을 먼저 간 크리스천들과 관계를 쌓게 된다는 것이다. 이런 관계는 장기적으로 특정한 프로그램이나 으리으리한 시설보다도 아이들의 신앙에 더 중요하다. 우리가 아이들과의 관계를 쌓고자 노력할 때 그들이 진정으로 중요하다는 확신을 줄 수 있다. 킬리는 이렇게 말한다. "우리가 '공동체로' 아이들에게 가장 큰 영향을 미칠 방법은 교회 안에서 아이들을 알기 위해 '개인적으로' 시간을 내는 것이다."[14]

우리는 얼마나
빨리 잊어버리는가

가끔 예수님처럼 아이들을 소중히 여기는 것이 우리 사역자들에게 가장 힘든 일이 아닐까 하는 생각을 한다. 우리는 예배를 위해 슬라이드를 준비하고 출석 체크 프린터의 롤을 갈며 크레용을 새로 사는 등 예수님을 '위한' 일에 너무 바빠, 속도를 늦추고 예수님과 그분의 백성과 온전히 함께하는 것을 잊어버릴 때가 있다.

예수님은 자신을 대단하게 생각해서 큰 자가 되기를 바라는 사람들을 겨냥하여 겸손에 관해 가르치셨다.[15] 예수님은 제자들에게 자신은 덜 생각하고 낮고 작은 자들은 더 많이 생각해야 한다고 말씀하셨다. 하지만 다음 장으로 넘어가기도 전에 이 야심만만한 제자들은 겸손과 아이들의 가치에 관한 예수님의 교훈을 잊어버렸다. 얼마 뒤 제자들은 아이들을 데리고 온 사람들을 꾸짖었다(마 19:13). 이는 사복음서에서 예수님이 화를 내신 몇 안 되는 장면 중 하나다(막 10:14; 막 3:5; 요 2:13-16도 보라). 그리스도의 임재에서 아이들을 배제하는 것은 보통 심각한 일이 아니다. 하지만 복음으로 충만한 리더들은 정반대로 행한다. 복음은 우리의 부족함을 보게 도와주는 동시에 우리가 구주께 환영받았다는 사실을 상기시킨다. 그리스도는 우리를 업신여기지 않으셨다. 그분이 우리를 환영해주셨기 때문에 우리도 다른 사람들을 환대할 수 있다. 더 나아가 예수님의 이름으로 아이들도 환영할 수 있다.

교회에서 가장 큰 자로 여겨지는 리더들이 작은 자들을 환영하고 사랑해준다면, 보통의 아이들만이 아니라 말썽을 피우거나 장애가 있는 아이들에게도 그렇게 해준다면, 교회 문화가 바뀔 수 있다. 어느 부활절, 우리 교회에서 상담과 구제 사역을 하던 두 목사가 하루 동안 어린이 사역부에서 섬기기로 자원했다. 그 일을 통해 우리 교회의 교사들, 가족들, 아이들은 우리 목회자들이 다음 세대를 얼마나 중요하게 여기는지를 똑똑히 알게 되었다. 물론 그 목사들이 찬양 시간에 율동하거나 반 아이들을 돌보는 일이 매우 서툴고 어색해 보이긴 했다. 하지만 교사들과 가족들은 그날에 관해 두고두고 이야기했다.

예수님은 그분 나라의 리더들이 몸을 낮춰 아이들을 환영할 때 그분의 위대함이 증명된다고 말씀하신다. 당신은 어떤가? 이런 말을 듣고 몸을 돌리면 곧바로 잊어버리는가? 교회의 입구에 임하는 복을 놓치지 말라. "또 누구든지 내 이름으로 이런 어린 아이 하나를 영접하면 곧 나를 영접함이니"(마 18:5)라는 우리 주님의 말씀을 기억하라.

【4장】

타락한 세상에서의 안전

아이들을 학대에서 보호할 책임

2011년 11월 6일 토요일 밤, 나는 늦게 잠자리에 들었다. 시즌 최대의 대학 미식축구 이벤트에서 1위인 루이지애나 주립대학과 2위인 앨라배마 대학이 펼친 경기를 보고 나니 시각이 꽤 늦었다. 막강한 두 팀의 격돌은 치열한 방어전으로 가다가 연장에서 루이지애나 대학의 9-6 승리로 끝났다. 그런데 며칠 뒤 '세기의 경기'를 비롯해서 전국의 모든 대학 미식축구 소식은 한 비극적인 이야기에 묻혀버렸다.

그다음 주 토요일 밤, 대학 미식축구 역사상 가장 많은 승리를 거머쥔 감독 중 한 명인 조 패터노(Joe Paterno)의 경력은 태만의 죄로 갑자기 끝나버렸다. 그는 침묵한 죄로 해고되었다.

2002년 대학원 조교 마이크 매쿼리(Mike McQueary)는 펜실베이니아 주립대학의 코치 중 한 명인 수비 코치 제리 샌더스키(Jerry Sandusky)가 학교 미식축구팀 라커룸에서 한 어린 소년을 강제 성폭행하는 장면을 목격했다. 매퀴리는 그 사건을 패터노에게 보고했고, 패터노는 이런 상황을 최소 행정관 두 명, 학교의 체육 감독, 부총장에게 알렸다. 그런데 누구도 그 사건을 경찰에 신고하지 않았다. 당시 샌더스키는 가난한 소년들을 위한 비영리 단체를 이끌고 있었다. 그는 그 소년들을 자신이 감독으로 있는 펜실베이니아 주립대학으로 데려왔다. 그리고 코치에서 은퇴한 뒤에도 계속해서 그 짓을 했다. 대학 관리들에게 보고가 올라간 뒤에도 그의 악행은 계속되었다.[1]

샌더스키의 행동과 펜실베이니아 주립대학의 방관은 패터노가 해임되기 전 토요일에 대중에게 알려지게 되었다. 샌더스키는 체포되었고, 15년 넘게 최소한 소년 15명을 성폭행한 것을 포함해 40개 중죄로 기소되었다. 두 행정관도 체포되어 성폭행을 보고하지 않은 죄와 위증죄로 기소되었다. 펜실베이니아 대법관은 패터노와 펜실베이니아 주립대학 총장 그레이엄 스페니어(Graham Spanier)가 2002년 성폭력 보고를 받고도 경찰에 연락하지 않았다는 점도 밝혔다. 두 사람은 아직 조사를 받지 않고 있었지만, 알려진 사실만으로도 그들의 해임은 불가피했다. 둘 다 최소한 한 명의 소년이 성폭력을 당했다는 사실을 알았지만, 그 일을 멈추기 위한 그 어떤 실질적인 조치도 취하지 않았다.

심각한 문제에 관한
엄한 경고

3장에서 우리는 교회가 아이들에게 복음 충만한 환대를 보여주는 것이 실제로 어떠한지를 살펴보았다. 하지만 예수님은 "누구든지 내 이름으로 이런 어린아이 하나를 영접하면 곧 나를 영접함이니"라고 제자들에게 가르치신 직후 가장 강한 경고를 하신다.

> 누구든지 나를 믿는 이 작은 자 중 하나를 실족하게 하면 차라리 연자 맷돌이 그 목에 달려서 깊은 바다에 빠뜨려지는 것이 나으니라 실족하게 하는 일들이 있음으로 말미암아 세상에 화가 있도다 실족하게 하는 일이 없을 수는 없으나 실족하게 하는 그 사람에게는 화가 있도다 만일 네 손이나 네 발이 너를 범죄하게 하거든 찍어 내버리라 장애인이나 다리 저는 자로 영생에 들어가는 것이 두 손과 두 발을 가지고 영원한 불에 던져지는 것보다 나으니라 만일 네 눈이 너를 범죄하게 하거든 빼어 내버리라 한 눈으로 영생에 들어가는 것이 두 눈을 가지고 지옥 불에 던져지는 것보다 나으니라(마 18:6-9).

예수님이 이 경고에서 그리시는 그림은 시각적이고 참혹하다. 예수님은 그분을 믿는 아이들을 실족하게 하여 지옥에서 영원한 운명을 맞는 것보다 당나귀용으로 만들어진 육중한 맷돌을 목에 달고 바다에서 익사하는 편이 낫다고 말씀하신다. 이 경고는 범위도 넓다. 예수님은 아이들을 '실족하게' 혹은 '범죄하게' 하는 '모든' 사람에게 이 경고를 하고 계신다. 즉 어린 신자가 실족해서 신앙을 떠나게 하는 '모든' 사람에게 강력하게 경고하고 계신다.[2]

여기서 예수님은 어떤 죄를 지적하시는 것일까? 직접적인 배경에서 보면, 예수님의 말씀은 스스로 대단하다고 생각하는 사람들을 겨냥하고 있다(마 18:1-4). 교만은 아이들을 무시하거나 아이들이 예수님께로 가는 것을 막는다(19:13-15). 하지만 예수님은 교만을 지적하시는 것 외에도 제자들에게 팔과 다리와 눈이 죄를 저지르게 만들면, 몸의 이 부분들을 가혹하게 다루라고 명령하신다(18:8-9). 여기서 예수님은 산상수훈에서와 같은 과장법을 사용하셨다(5:29-30). 산상수훈의 이 구절에서 예수님은 분노와 성적인 정욕을 지적하셨다(5:21-28).

예수님은 아이들을 성적으로 괴롭히고 육체적으로 해치는 자들의 마음속에 있는 교만, 정욕, 분노에 관해 더없이 강한 어조로 경고하신다. 그분은 제자들에게 이런 죄가 아이의 믿음을 망가뜨릴 수 있다고 말씀하셨다. 자녀에게 하나님을 보여주는 첫 번째 존재는 부모나 주 양육자다.[3] 따라서 아이들이 자신을 가장 헌신적으로 돌봐주어야 할 사람들에게서 학대를 당하거나 경험하면, 하나님을 믿는 능력이 크게 저하될 수밖에 없다.[4] 이 사실에 마땅히 우리는 정신을 똑바로 차리고 아이들을 보호하기 위해 부단히 경계해야 한다.

우리 자신의 타락성을 인정하라

펜실베이니아 주립대학 추문이 대학 미식축구계에 미친 파급 효과는 실로 엄청났다. 조 패터노의 프로그램은 전국에서 신뢰받는 프로그램 중 하나였다. 하지만 샌더스키 사건은 죄가 더없이 깨끗해 보이는 곳까지 파고든다는 냉엄한 현실을 보여준다. 스포츠 기자이자 펜실베이니아 주립대학 근처에서 자랐고, 그곳을 졸업한 마이클 와인렙(Michael Weinreb)은 스포츠 블로그 '그랜트랜드'(Grantland)에 다음과 같은 글을 올렸다. "우리는 주립대학에서 인간 영혼의 타락성을 받아들이게 되었다. 우리가 그토록 조용히 살던 이곳이 미국의 나머지 부분과 다르다는 순진한 생각을 완전히 버렸다."[5]

작은 자들을 실족하게 하는 죄는 이 타락한 세상에서 피할 수 없는 일이다. 예수님은 그 점을 아시고서 세상에 화가 있다고 선언하셨다(마 18:7).[6] 하지만 예수님이 "세상에 화가 있도다"라고 말씀하셨다고 해서 착각에 빠져서는 곤란하다. 그분은 신앙 밖에 있는 자들만 아이들에게 걸림돌이 되리라고 생각하지 않으셨다. 그래서 8-9절에서 이렇게 말씀하셨다. "만일 '네' 손이나 '네' 발이 '너'를 범죄하게 하거든." 카슨은 이렇게 말한다. "이제 예수님은 세상을 향한 꾸지람을 멈추시고…제자들이 희생자가 아닌 가해자가 될 수도 있다고 말씀하신다."[7] 예수님은 작은 자들을 실족하게 하는 죄가 저 '바깥세상'만이 아니라 여기 '교회

안'에서도 발견될 수 있다는 점을 아셨다.

최근 SNS 피드와 뉴스 헤드라인은 신부, 목사, 중고등부 목사, 주일학교 교사 같은 영적 리더들이 자신이 맡은 청소년에게 성적인 문자 메시지를 보내고, 아이들을 괴롭히며, 심지어 미성년자를 강간한 이야기로 도배되었다.[8] 문제는 어느 한 교단이나 지역에 국한되지 않는다. 지위와 힘을 남용해 아이들을 이용하는 문제는 가톨릭, 개신교, 주류 교회, 복음주의를 가리지 않고 플로리다 해안에서 퓨젓사운드까지 광범위하게 나타난다.

이런 뉴스가 단순히 기독교를 음해하기 위한 공작이라고 주장하는 이들도 있다. 하지만 마태복음 18장 6-9절에 나온 예수님의 경고로 볼 때 이는 가볍게 치부할 문제가 아니다. 우리가 불경한 문화에 동조하여, 그렇지 않아도 힘든 동료 신자를 더 괴롭게 하는 것은 부적절하다. 하지만 나는 이런 뉴스의 공격 속에서도 교회 리더들이 더 정신을 차리고 성적 타락을 심각하게 받아들여야 한다고 생각한다. 우리 자신이 타락했음을 인정하는 것이 중요하다. 학대가 세속 대학들의 라커룸에서만 일어나는 것이 아니라 우리 자신의 사역 현장에서 우리가 믿는 사람들의 손에 의해 벌어질 수도 있다는 사실을 인정해야 한다.

어떻게 우리는 이토록 끔찍한 일을 놓칠 수 있는가?

펜실베이니아 주립대학 행정부나 하나님을 사랑하는 교회 장로들이 어떻게 코앞에서 벌어지는 학대를 감지하지 못하고, 그토록 오랫동안 방치했는지 도무지 믿기가 어렵다. 하지만 운전대를 잡고서 졸음운전을 하기가 생각보다 쉬운 것처럼, 학대도 외면하거나 방치하기가 쉽다. 모든 상황에서 어떤 동기가 작용하는지 다 알 수는 없지만, 크리스천 리더들이 학대에 관한 의심이나 보고에 적절히 반응하지 못하는 두 가지 흔한 이유가 있다.

첫째, 성범죄자가 어떤 사람인지를 그릇되게 가정한다. 펜실베이니아 주립대학의 제리 샌더스키는 사람들이 전혀 성범죄자로 볼 만한 인물이 아니었다. 1977년 샌더스키는 문제아들을 위한 레크리에이션 프로그램을 시작했다. 시간이 지나 그 프로그램은 주 차원의 명망 높은 자선 사업으로 발전했다. 샌더스키는 동네 소프트볼 경기를 주최하기도 하고, 자신이 맡은 아이들과 자주 물풍선 싸움을 벌이는 개구쟁이 아저씨로 알려졌다.[9] 이렇듯 그는 전혀 성범죄자로 의심받을 만한 인물이 아니었다. 하지만 디팩 리주(Deepak Reju)의 말처럼 샌더스키의 삶은 성범죄자의 전형적인 모습과 일치한다.

> 그는 단정하지 못하거나 미움을 산 사람이 '아니다.' 그는 지역 사

회에서 큰 존경을 받는 사람이다. 그는 가난하고 사회적으로 소외된 사람이 '아니다.' 그는 돈과 영향력이 있는 사람이다. 또 그는 아이를 유괴해서 외설스러운 짓을 강요할 사람이 '아니다.' 그는 문제아들과 자주 시간을 보내고 그들에게 자기 재능과 특별한 관심을 쏟은 사람이다. 그는 아이들을 학대했을 것으로 의심받을 사람이 '아니다.' 그는 자선 사업을 하고 여섯 아이를 입양함으로써 아이들을 위해 큰일을 하는 사람으로 여겨졌다.[10]

샌더스키는 무력으로 아이를 억누르는 유의 성범죄자는 아니었다. 그는 캠핑장에 난입해 음식을 훔치는 곰 같지 않았다. 오히려 그는 '사람을 설득할 줄 아는' 성범죄자였다. 목표물 주위를 빙빙 도는 상어처럼, 이런 유의 가해자는 "자신이 믿을 만하다고 다른 사람들을 설득하려고 자기 성격과 매력, 영향력을 사용하다가 기회가 오면 공격한다."[11]

아동 성범죄자들은 매력적이다. 그들은 대개 아이들에게 강한 대인 기술을 발휘한다. 오랫동안 관심을 보이고 선물을 주며 아이들의 환심을 사고 관계를 쌓는다. 샌더스키는 아이들을 미식축구 경기장에 데려가고, 자기 집으로 초대해 재워주었다. 그처럼 회유를 잘하는 성범죄자는 상대가 자신을 좋아하고 존경하게 만들려고 애쓴다. 그들은 자기 행동에 그 어떤 의심도 할 수 없게 좋은 이미지로 자신을 포장한다.[12]

샌더스키가 단정하지 못했거나 경제적으로 가난했거나 정신적 문제가 있는 것으로 보였다면, 마이크 매쿼리와 펜실베이니아 주립대학 행정관들은 두 번 생각할 것도 없이 즉시 당국에 알렸을 것이다. 하지만 자신들이 좋아하고 존경하는 사람에 관한 의심이 제기되었을 때 오히려 그 의심을 의심할 수밖에 없었다.[13]

우리는 다를까? 그렇지 않다. 대개 크리스천들은 순진한 판단을 내리는 경향이 있다. 사실, 대부분 상황에서 좋은 쪽으로 생각해주는 것이 예의이기도 하고, 우정을 유지하는 길이기도 하다. 게다가 우리가 잘 알고 사랑하며 존경하는 사람에 관한 범죄 의혹이 제기되면, 우리는 신경을 곤두세우며 그 사실을 부인하고 그 사람을 옹호하려고 든다.[14] 이것이 모든 어린이 사역에 보호와 보고를 위한 공통 규약이 필요한 이유다. 잘못된 가정에 빠져 그릇되게 조처하지 않도록 명확한 정책과 절차가 필요하다.

둘째, 우리 역할이 상황 해석에 영향을 미친다는 점을 보지 못한다. 크리스천으로서 우리는 하나님이 사람들에게 다양한 은사와 상보적인 역할을 주신다고 믿는다. 그렇게 서로 다른 사람들과 협력하여 복잡한 문제를 다룬다. 하나님은 교회에서 목사와 집사에게 서로 다른 역할을 할당하셨다(딤전 3:1-13). 하나님은 '그리스도의 몸을 세우기 위해 우리가 다 하나님의 아들을 믿는 것과 아는 일에 하나가 되도록' 각 교인에게 다른 은사와 역할을 주셨다(엡 4:11-13; 롬 12:3-8 참고). 또한 심각한 죄를 다루는 일과 관련해, 하나님은 교회의 리더들과 정부 당국에 서로 다르지만 보완하는 역할을 주셨다(마 18:15-20; 롬 13:1-7).

이렇게 은사와 역할이 다르다 보니 심각한 죄를 평가하고 그 죄에 반응하는 방식도 다르다. 목사이자 성경 상담자인 브래드 햄브릭(Brad Hambrick)은 이 현상을 '칼의 비유'로 설명했다.

> 외과의에게 칼을 건네면 사람들은 '메스'를 생각한다. 어부에게 칼을 건네면 사람들은 '회'를 생각한다. 요리사에서 칼을 건네면 사람들은 '채 썬 채소 수프'를 생각한다. 물론 칼의 모양을 보면 무슨 용도인지 분명히 알 수 있지만, 내가 어떤 말을 하려는지 알 것이다. 사람의 역할은 그가 상황을 해석하는 방식에 영향을 미친다.[15]

크리스천 리더로서 우리에게는 구속의 사명이 있다. 우리는 은혜와 화해, 용서에 관한 하나님의 메시지를 선포할 때 새로운 영적 삶이 피어나기를 바란다. 그리고 '학대'라는 단어를 들으면, 법적인 범주보다 강한 도덕적 범주를 떠올리는 경향이 있다. 그래서 '범죄'보다 '심각한 죄'와 같은 표현을 자주 사용한다. 솔직히 우리는 정책과 법적 요구 사항 등에 거부감을 느낀다. 이런 제약은 생명을 주는 것이 아니다. 회복이 아닌 제한에 목적이 있기 때문이다. 목회자는 심각한 죄를 다룰 방안을 고민할 때 주로 마태복음 18장 15-20절처럼 교회 징계에 관한 성경 구절을 참조한다.[16] 보다시피 이 구절은 내가 이번 장 첫머리에서 풀이했던 마태복음 18장 6-9절에 바로 이어서 나타난다. 이런 구절의 목표는 죄를 지적하고 회개를 촉구하며 죄인을 교인으로 회복시키는 것이다(마 18:15; 참고 고후 2:5-10; 갈 6:1; 약 5:19-20).

하지만 학대 사건이 발생할 때 무조건 아동 보호국(Child Protective Services)에 알리는 것보다 회개를 촉구하는 것을 우선시하면 우리의 시각이 좁아질 수 있다. 구속적인 목회 역할이 우리의 시각에 영향을 미쳤기 때문에 하나님이 정부에 주신 책임을 고려하지 못할 수 있다. 정책, 절차, 법은 꼭 필요하다. 하나님은 죄를 밝히고 악을 억제하기 위해 이것들을 우리에게 주셨다["그(통치자)가 공연히 칼을 가지지 아니하였으니", 롬 13:4]. 이것들을 무시해서는 안 된다. 미성년자에 대한 학대와 태만에 대해서는 신고할 의무가 있다.[17] 무고한 사람에게 피해를 줄까 봐 두려워서, 혹은 교회가 당국보다 사건을 더 잘 조사할 수 있다는 교만한 생각에 빠져서 법을 무시하고 아이들을 위험에 빠뜨려서는 곤란하다. 앨버트 몰러(R. Albert Mohler Jr.)는 펜실베이니아 주립대학 사건 직후에 이런 글을 썼다. "더 많은 정보를 기다리다가는 가해자가 범죄를 계속하도록 방치하여 아이들을 위험에 빠뜨리게 된다."[18]

아동 보호 정책을 수립하라

펜실베이니아 주립대학에서 일어난 사건은 끔찍한 비극이다. 아동 성범죄자와 정부 당국에 관한 우리의 가정을 다시 돌아본 뒤에는 교회와 사역 기관 안에서 그런 일이 벌어지지 않도록 막기 위해 어떻게 해야 하는가? 많은 교회가 문제가 발생하

【법적 책임과 목회적 책임이 둘 다 있을 때 어떻게 해야 할까?】[19]

1. 정부 당국이 관여해야 할 때는 신고하라
아동 학대나 방치가 의심되는 경우 우리는 신고를 해야 한다. 의심을 확인하기 위해 단독으로 조사하지 말아야 한다. 우리에게는 신고할 의무가 있다.

2. 정부 당국을 같은 제일의 목표(아이의 안전)를 이루기 위한 동료로 보라
사법적 권한이 있는 사회 복지사나 경찰관은 아이의 안전과 관련해 목사나 집사, 소그룹 리더는 줄 수 없는 도움을 줄 수 있다. 이들의 개입에 감사해야 한다.

3. 법적 과정을 거치는 동안, 사역자의 참여가 지연될 수 있다는 점을 감안하라
사회 복지사가 아이의 부모와 이야기를 나누지 말라고 부탁할 때, 변호사가 재판 전까지 침묵하라고 조언할 때, 긴 공판 기간을 기다려야 할 때, 접근 금지 명령으로 커뮤니케이션이 원활하게 이루어지지 않을 때 교회 리더들은 답답할 수밖에 없다. 하지만 그렇다고 해서 정부 당국을 목회적 돌봄을 방해하는 걸림돌로 봐서는 곤란하다.

4. 정부 당국에 협조하려고 노력하라
교회 리더들이 정부 당국에 사건을 신고하는 역할을 이행하면, 대개 정부 당국은 교회 리더들을 도움이 되는 존재로 받아들인다. 아동 보호국이나 경찰, 사회 복지사와 상호 작용할 때 "우리가 어떻게 도와드릴까요?"라고 물으라.

5. 교회의 역할이 더 광범위하고(구원의 문제) 더 길지만(법적 문제를 해결하는 것 이상의 역할 담당), 정부 당국의 정보와 전문성이 좋은 목회적 돌봄에 매우 큰 도움이 될 수 있다는 점을 이해하라
정부 당국은 학대 사건의 심각성을 좀 더 정확하게 판단할 수 있다. 당국의 척도는 교회에 유용한 기준점이 될 수 있다. 교회들은 법 집행 기관만큼 범죄 행위를 자주 접하지 못한다. 따라서 가해자와 피해자를 다루면서 당국의 지혜를 적극적으로 구해야 한다.

기 전에 안전한 환경의 요소들을 기술한 아동 보호 정책을 마련하고 있다. 리주는 이렇게 말한다. "아동 보호 정책(CPP, child protection policy)은 교회가 맡은 아이들을 어떻게 보호하고 돌볼 계획인지에 관해 스스로 정한 가이드라인의 집합이다."[20]

교회가 아동 보호 정책을 어떻게 마련할지를 처음으로 설명하고자 한다. 아동 보호 정책을 이미 마련했더라도 다음 여섯 단계가 도움이 될 것이다. 다음과 같이 하면 맡은 아동을 보호하는 데 실질적인 효과가 있는 정책을 수립할 수 있을 것이다.

첫째, 팀을 꾸리라. 아동 보호 정책을 개발하고 실행하기 위해서 여러 전문 분야에 속한 사람들을 모아 팀을 구성해야 한다. 이 팀은 정책을 마련할 뿐 아니라, 정책이 채택된 뒤에도 지속적인 관리를 위한 위원회로 계속해서 유지될 수 있다. 이 팀에 어린이, 청소년 사역자, 이 과정을 관장하는 목회팀, 핵심 교사, 교회 내 조언해줄 수 있는 모든 사람(예를 들어, 사회 복지사, 상담자, 변호사, 경찰관, 아동 인권 옹호 전문가)을 포함하라. 교회 내 응급 대책을 세워본 적이 있거나 총기 난사 사건을 수습하는 훈련을 받은 교육자가 있는가? 그들의 경험이 큰 도움이 될 수 있다. 내가 오랫동안 섬겼던 교회에는 한 장로의 부인이 성폭력 희생 여성을 돕는 사회 복지사로 일했다. 우리 팀이 아동 보호 계획을 수립하는 데 그녀의 경험이 매우 중요했다.

둘째, 숙제를 하라. 이 책 2부의 끝 '더 깊은 연구를 위한 참고 자료'에 아동 안전에 관한 도서를 소개했다. 꼭 참고하기를 바란다. 아동의 안전에 관해서 내가 추천하는 첫 번째 책은 리주가 쓴 『경계: 교회에서의 아동 학대 예방과 대처』(On Guard: Preventing and Responding to Child Abuse at Church)다. 이 책은 치리와 교회 정책에서 심사와 신원 확인, 어린이 사역 시 예배실 입실과 퇴실, 시설 설계, 훈련, 대응 계획 수립까지 아동 보호에 관한 모든 주요 범주를 파악할 수 있도록 도와준다. 이런 주요 범주를 파악한 뒤에는([표 4.1]의 ECAP 표준과 비교해보라) 팀이 각개 격파 전략을 사용하면 좋다. 아동 보호 정책의 주요 범주를 팀원들에게 나눠서 조사하게 한 다음, 전체 토론을 위해 다른 팀원들에게 보고하게 하라.

셋째, 외부 전문가의 도움을 구하라. 처치 로 앤 텍스(Church Law & Tax, churchlawandtax.com), 복음주의 학대 방지 협의회(ECAP: Evangelical Council for Abuse Prevention, ecap.net), 그레이스(GRACE: Godly Response to Abuse in the Christian Environment, netgrace.org), 미니스트리 세이프(Ministry Safe, ministrysafe.com) 같은 외부 그룹의 도움을 고려하라. 이런 단체들은 각 교회에 맞는 아동 보호 정책 수립을 도와줄 자료와 인력을 갖추고 있다. 교회와 사역 단체를 위해 현장 시설 검사를 포함한 증명 혹은 승인 프로그램을 제공하는 단체도 있다. 단체마다 강조점이 다르며, 다른 도움을 제공한다.

- 처치 로 앤 텍스는 당신이 속한 주의 법률적 변화를 파악하기에 가장 좋은 곳이다.
- ECAP는 교회들, 법률 전문가, 피해자 변호인, 교회 보험 회사들의 후원을 받고, 그들과 긴밀히 협력한다. 이 단체는 복음주의 교회들과 사역 단체들의 승인을 위한 학대

방지 표준을 마련하기 위해 노력을 기울여왔다.
- GRACE는 교회들의 후원과 피해자 변호에 초점을 맞추고 있다. 이 단체의 목표는 기독교 공동체들이 학대를 제대로 파악하고 방지하고 대응하도록 돕는 것이다.
- 미니스트리 세이프는 신원 확인 전문 업체다. 학대 방지 계획과 훈련 프로그램을 마련하는 데 도움을 준다. 하지만 이 업체의 핵심 역량은 자원봉사자의 신원 조사에 있다.

넷째, 정책과 절차를 채택하라. 언제까지 조사만 하고 있을 수는 없다. 정책을 문서화해야 한다. 문서화 단계에 이르면 바실 치비전(Basyle Tchividjian)과 시라 버코비츠(Shira Berkovits)가 쓴 『아동 보호 정책 가이드』(The Child Safeguarding Policy Guide)와 잭 크랩트리(Jack Crabtree)가 지은 『소송보다 안전이 더 낫다』(Better Safe Than Sued)를 꼭 읽어보기를 바란다. 이 책들은 구체적인 사례를 들어, 정책과 절차를 명확하게 문서화하는 데 도움을 줄 것이다. 이 책에서 다른 교회들이 세운 아동 보호 정책을 확인할 수 있을 뿐 아니라 자원봉사자 지원서, 면책 동의서, 각종 보고서 작성 방법을 배울 수 있다. 크랩트리의 책은 중고등부 사역에서 학생들을 보호하는 데 초점을 맞춘다. 이 책은 다음과 같은 질문에 답할 수 있도록 도와준다. '학생들을 수련회 장소로 데려오는 교회 운전기사를 어떻게 검증할 것인가? 운동회나 수상 스포츠를 할 때 도움이 되거나 꼭 필요한 응급 처치 훈련은 무엇인가? 아이들과 함께 1박 여행을 할 때 어떤 종류의 책임 서약서가 필요

[표 4.1] ECAP 회원들을 위한 아동 보호 표준

복음주의 학대 방지 협의회(ECAP)는 다음 다섯 가지 주요 범주에 따라 공인 회원들에게 요구되는 아동 보호 표준을 다음과 같이 정하고 있다.

1. 치리
"조직은 효과적으로 치리하고, 어린이의 안전에 적합한 구조, 운영, 신념에 관한 분명하고 실질적인 문서를 갖추어야 한다."

이 표준은 성 정체성에 관한 신학적 문서 채택을 비롯한, 신학적 정통성과 교회 정치 문제를 다룬다. ECAP의 공인 회원들은 책임 보험에 가입하고, 모든 인력에 관한 적절한 기록을 유지해야 한다. 그리고 인력/아동 비율, 적절한 접촉, 입실과 퇴실 절차와 같은 문제에 관해 분명한 정책을 갖춘 아동 보호 계획을 세우고 매년 검토해야 한다.

2. 아동 보호 운영
"조직은 일상적인 운영, 모든 현장 활동, 아이들에 관한 특별한 돌봄에 관해서 사역자와 자원봉사자가 따라야 할 분명하고도 실질적인 정책을 문서로 갖추어야 한다. 조직은 투명성을 우선해야 한다. 여기에는 공개적인 장소에서 미성년자를 돌볼 때 투명성을 보장하기 위한 가이드라인도 포함된다."

이 표준은 정책과 절차의 문서화를 요구할 뿐 아니라, 사역 단체의 아동 보호 시설이 안전을 위해 충분한 투명성을 유지할 것을 촉구한다.

3. 심사
"조직은 직원과 자원봉사자를 선별하기 위한 상세한 심사 절차를 마련하고 실행해야 한다. 여기에는 서면 지원서, 대기 기간, 인터뷰(지원자를 알아볼 수 있는 심층 면접), 평판 조사, 신뢰성 있는 사람을 통한 신원 조사 등이 포함된다. 심사 과정에서 언제라도 이전의 불법적 행위나 부도덕한 행위가 드러나면 조직은 분명하게 정해진 절차에 따라 지원자를 다루어야 한다."

ECAP 표준은 지원, 신원 조사, 심사 프로세스에서 어떤 질문과 요구 사항이 필요한지뿐 아니라 각 지원자에게 어떤 종류의 신원 조사를 적용해야 할지를 보여준다.

4. 훈련

"조직은 아이들을 돌보는 모든 직원과 자원봉사자뿐만 아니라 일반적인 사역 환경에서 어린이 사역을 지켜보는 사람들을 위한 교육을 제공해야 한다. 이 교육은 주법, 지방법, 최소 요구 사항을 준수해야 하며, 어린이 안전 위반 시의 보고와 대응에 관한 가이드라인을 제공해야 한다. 미성년자와 직접 접촉하는 직원과 자원봉사자는 사역 활동 이외에 미성년자와의 모든 접촉에 대한 적절한 제한 및 통제와 관련한 교육을 받아야 한다."

ECAP는 학대의 정황뿐 아니라 신고 과정을 다루는 첫 훈련과 재훈련에 관한 표준을 개괄적으로 제시한다.

5. 반응

"조직은 사건에 관해서 알아야 할 모든 사람에게 학대 주장에 관해 알리기 위한 적절한 방식과 시기를 적은 완전한 대응 계획을 포함해, 문서화된 정책과 절차를 갖추어야 한다."

ECAP는 공인 회원들이 아동 보호국을 포함한 모든 관련 당사자에 대한 통보와 신고를 포함해, 문서화된 대응 계획을 갖출 것을 요구한다. 또한 모든 조직원과 이해 관계자를 위한 커뮤니케이션 계획도 요구한다. ECAP는 사건 이후 조직의 자체적인 후속 조사를 위한 표준도 개괄적으로 제시하고 있다.

이런 표준과 각 표준에 대한 권고 사항을 더 자세히 알고 싶다면, ECAP 홈페이지(ecap.net)에 방문하라.

한가?' ECAP의 표준([표 4.1])과 교회 보험 회사도 정책과 절차를 수립할 때 도움이 된다.

다섯째, 훈련과 실행을 시작하라. 이 단계에서 위원회는 새로운 정책을 수립하려고 수개월 동안 고민했지만, 훈련받기 위해 찾아온 다른 사역자나 교사는 그 정책에 관해 처음 듣게 된다는 점을 고려하라. 이 점을 염두에 두고서 팀원들이 새로운 정책을 소화하고, 그 이면의 논리를 이해하며 잘 습득할 수 있도록 훈련 속도를 적절히 조절해야 한다. 팀 훈련에 관해 내가 아는 가장 좋은 자료 중 하나는 무료로 제공하는 "학대받은 자들을 잘 돌보는 교회가 되라"(*Becoming a Church That Cares Well for the Abused*)라는 동영상과 안내서다(churchcares.com). 이 자료를 보면 육체적, 성적 학대에 대응하는 방법과 아동 보호국에 신고하면 어떤 절차가 진행되는지를 자세히 알 수 있다.

마지막으로, 적어도 매년 아동 보호 정책을 검토하라. 아동 보호국에 보낸 모든 신고 내용, 모든 정책 위반, 여타의 문제들을 주기적으로 검토해야 한다. 교회들은 이런 문제와 관련 당사자들에 관한 분명한 기록을 유지해야 한다. 이것은 잘한 교사에게 성탄절에 작은 머그잔을 선물하기 위한 성적표가 아니다. 훈련 계획이나 아동 보호 정책에서 필요한 부분을 파악해서 조정하는 것이 그 목적이다.

조정이 필요한 이유를 보여주는 사례 하나를 소개한다. 나는 15년간 한 교회의 주일학교 목사로 섬겼다. 내가 목회를 시작할 때 휴대전화는 지금과 달랐다. 지금은 모든 교사가 카메라가 달린 휴대전화를 갖고 교실로 들어온다. 하루는 두 대학생 교사가 반 아이들의 사진을 찍어 인스타그램에 올렸다. 이에 두 부모가 우려를 표시했다. 그래서 우리는 그 대학생들을 따로 만나 아이들의 사진을 찍어 SNS에 올리지 않는 편이 현명한 것 같다고 잘 타일렀다. 그런데 나중에 우리의 훈련 과정을 검토할 때 교역자 중 한 명이 우리 주일학교 아이 중 상당수가 양부모 슬하에 있다는 점을 지적했다. 계속해서 그 교역자는 이 아이들의 사진을 온라인에 올리는 것이 수양 가족에 관한 우리 주의 규정을 어긴 것일지도 모른다고 말했다. 그래서 우리는 성경 공부 시간에 아이들의 사진을 찍어 인터넷에 올리지 않는 것을 정책으로 삼고, 정규 훈련 시에 그것을 가르쳤다. 이것은 한 사례일 뿐이다. 요지는 이것이다. 아동 보호 정책은 사역 환경의 변화에 따라 변하고 개선되는 도구다.

당신의 교회와 당신 자신을 주시하라

이렇게 아동 보호 정책과 계획을 마련하는 것이 중요하다. 그것은 교회가 약한 아이들을 보호할 중요한 책임이 있기 때문이다. 리주는 이렇게 말한다. "성경의 처음부터 끝까지 사회에서 어리고 약하고 억압받는 자들에게 특별한 관심을 두시는 하나님에게서 이런 보호의 정신을 배워야 한다."[21] 예수님의 강한 경고는 이 타락한 세상의 부패뿐 아니라 우리 자신의 타락한 마음의 부패를 조심하라고 가르친다.

아이들을 복음 충만한 환경 속으로 환영하려면 단순히 따뜻한 환영만으로는 부족하다. 경계가 필요하다. 거짓 가정을 뽑아내고 자원봉사자를 적절히 검증하며 아동 보호 계획을 실행해야 한다. 단, 정책이 생명을 주리라고 생각하며 율법주의적인 정신으로 하지는 말아야 한다. 우리의 경계는 겸손과 자기반성의 정신에서 비롯해야 한다. 우리 중에 자기 마음속의 분노와 정욕을 본 적이 없는 사람이 어디에 있겠는가? 우리가 가장 원치 않는 것은 방치된 죄가 다음 세대의 복음화를 방해하는 걸림돌이 되는 것이다.

우리는 경계심을 늦추지 말아야 한다. 걸림돌을 없애야 믿음의 씨앗이 뿌리내리고 자랄 수 있는 어린이 사역 환경이 조성될 수 있기 때문이다.

【2부 돌아보기】

환영하는 환경을 조성하라

아래에 나오는 활동과 질문을 보십시오. 다음 3부로 넘어가기 전에 이 질문에 답해보며, 당신 사역의 안전과 환대에 관해 돌아보는 시간을 보내십시오.

사역에 적용하기 위한 질문

1.

히브리서 10장 19-25절을 다시 읽어보십시오. 그리스도가 당신을 그분의 임재 가운데로 환영하려고 해주신 모든 일을 나열해보십시오. 기도하며 주님께 나아갈 때마다 이 구절에 담긴 확신을 경험하고 있습니까? 그분의 백성인 아이들에게로 나아갈 때 이 확신을 경험합니까? 여기에 적힌 진리를 묵상하면 더 강한 확신이 생깁니다. 나열한 것 중에서 무엇이 당신에게 가장 큰 격려가 되었습니까?

2.

우리는 환대를 실천하는 모습을 통해 아이들에게 예수님을 보여주어야 합니다. 아동 친화적이고 아이들을 환영하는 사역 환경을 조성해야 합니다. 다음 네 개 항목과 관련해 당신 사역을 평가해보십시오. 각 항목에 1-5 사이의 점수를 매겨보십시오.

겸손함, 하나님께 의지함	① ② ③ ④ ⑤

당신의 사역에는 은혜 충만한 겸손이 흐르고 있습니까? 팀원들은 함께 모일 때마다 기도합니까? 장애가 있는 아이나 언어나 인종이 다른 아이를 따뜻하게 대할 준비가 되어 있습니까?

어린이에게 중점을 둔 사역	① ② ③ ④ ⑤

당신의 사역 환경은 아동 친화적이고 밝습니까? 아이들이 교회 오는 시간을 즐거워하는 것처럼 보입니까? 아이들이 기꺼이 믿지 않는 친구들을 초대하려고 합니까?

따뜻한 환영	① ② ③ ④ ⑤

입구나 출석 체크하는 곳에 새 가족을 반겨주는 팀원들이 있습니까? 목에 걸거나 부착한 이름표, 맞춰 입은 티셔츠 등으로 이들을 식별하기가 쉽습니까? 사역 시설 내 표지들이 적절하게 설치돼 있습니까? 출석 체크 시스템이 최신식이고, 사용자가 사용하기 쉽습니까? 환대를 맡은 교사나 자원봉사자가 새 가족과 잘 대화를 나눕니까? 새 가족에게 메시지나 편지, 선물을 보내는 등 계속 연락을 취하고 있습니까?

아이들을 공동체의 일원으로 귀하게 대함	① ② ③ ④ ⑤

어린이 사역 교사들이 출석하는 아이들의 이름을 외우고 있습니까? 교회 리더들이 예배와 다양한 행사를 계획할 때 다음 세대를 염두에 둡니까? 아이들이 어른들과 나란히 섬길 기회가 있습니까?

각 항목에 모두 점수를 매긴 뒤에 가장 낮은 점수가 나오는 두 영역을 보십시오. 이 영역을 개선하기 위해 어떤 새로운 시도를 해볼 수 있겠습니까? 영역마다 한 가지씩 생각해보십시오.

3.

당신 사역의 리더들은 교회 리더가 아동을 학대했다는 주장에 어떻게 반응합니까? 솔직하게 답해보십시오. 사건을 축소하려고 합니까? 아이를 보호하기보다는 교회의 평판을 지키는 일에 더 집중합니까? 학대에 관한 의혹을 두고 사법 기관에 신고하기보다는 내부에서 해결하려고 합니까? 이런 상황을 막기 위해서는 어떤 예방 조처를 할 수 있겠습니까?[1]

4.

당신 교회는 아동 보호 계획(CPP)을 갖추고 있습니까? 그렇지 않다면 4장 내용을 토대로 그 계획을 한번 세워보십시오. 이미 아동 보호 계획을 세웠다면, ECAP의 다섯 가지 표준(**[표 4.1]**) 중 어느 부분이 약한지를 점검해보십시오. 그런 부분이 있다면 어떻게 개선할 수 있겠습니까?

더 깊은 연구를 위한 참고 자료

환영하는 환경 조성에 관해

Sue Miller, David Staal, *Making Your Children's Ministry the Best Hour of Every Kid's Week* (Grand Rapids, MI: Zondervan), 2004.

Virgina Ward, Reggie Joiner, Kristen Ivy, *It's Personal: Five Questions You Should Answer to Give Every Kid Hope* (Cumming, GA: reThink Group), 2019.

교회의 안전에 관해

Jack Crabtree, *Better Safe Than Sued: Keeping Your Students and Ministry Alive* (Grand Rapids, MI: Zondervan/Youth Specialties), 2009.

Brad Hambrick 편집, *Becoming a Church That Cares Well for the Abused Handbook* (Nashville, TN: B&H Publishing), 2019.

Deepak Reju, *On Guard: Preventing and Responding to Child Abuse at Church* (Greensboro, NC: New Growth Press), 2014.

Basyle Tchividjian, Shira M. Berkovits, *The Child Safeguarding Policy Guide for Churches and Ministries* (Greensboro, NC: New Growth Press), 2017.

3부

아이들을
그리스도께로 인도하라

【5장】

성경 이야기를 전하는 세 가지 방식
복음 중심적인 가르침을 우선하라

어린이 사역 목사로 섬길 때 나의 주된 책임 중 하나는 교사들이 매주 아이들을 가르치는 모습을 지켜보는 것이었다. 나는 교실들을 돌아보고, 간식 시간에는 아이들과 어울리는 것을 좋아했다. 한번은 홍해를 건넌 이스라엘 백성에 관해서 배우는 반을 관찰했다. 간식 시간에 아이들과 나란히 앉아 "오늘 이야기의 주인공은 누구였니?"라고 물었다.

그러자 한 아이가 대답했다. "하나님에 관해서 배웠어요!"

나는 대수롭지 않게 여기고서 다시 물었다. "그렇구나. 그런데 모세에 관해서 배우지 않았니? 모세가 어떻게 했지?"

녀석은 똑똑한 대답을 내놓았다. "모세는 별로 한 게 없어요. 그냥 기도하고 막대기를 들었어요. 백성이 건널 수 있게 하나님이 강을 마르게 하셨어요. 그리고 이집트 사람들이 다 물에 빠져 죽게 하셨어요! 하나님은 정말 대단하셔요." 그 아이는 교훈의 요지를 나보다도 잘 이해하고 있었다.

우리는 아이들을 가르칠 때 요지를 놓치기 쉽다. 많은 어린이 성경 교재가 아이들에게 무엇을 할지 가르치는 데 초점을 맞추고 있다. '기뻐하라!' '용기를 내라!' 하지만 이것이 성경 이야기의 주된 요지인 경우는 거의 없다. 하나님은 그분 자신을 드러내시고, 그분의 아들 예수 그리스도를 통한 구원 계획을 보여주시려고 우리에게 성경을 주셨다.

선생으로서 우리는 큰 책임이 있다. 성경은 우리가 더욱 엄격한 심판을 받으리라고 말한다(약 3:1). 하나님은 다음 세대를 우리의 손에 맡기셨다. 그런데 우리가 가르침을 마친 뒤에 우리 반 아이들은 무엇을 기억할까? 성경 이야기에서 아이들은 자신이 어떤 인물과 가장 닮았다고 생각하고, 어떤 인물을 가장 닮기를 원할까? 아이들이 하나님과 복음을 더 깊이 이해하게 될까?

아이들에게 성경 이야기를 가르치기 위한 세 가지 방식을 살펴보자.

접근법 1:
본보기 교훈

어린이 사역 교사들에게 가장 자연스러운 방식은 성경 이야기를 보고 어떤 본보기를 따라야 할지(혹은 따르지 말지)를 생각하는 것이다. 이것을 '본보기 교훈'이라고 한다. 이것은 성경 본문을 보는 지극히 합당한 방식 중 하나다. 고린도전서 10장에서 바울은 광야를 지나는 이스라엘 백성의 이야기를 전해준다. 그는 이스라엘 백성이 바다를 지나 구원받고, 하나님이 그들에게 신령한 음식과 바위에서 나오는 물을 제공해주신 이야기를 전한다(1-4절). 그러나 우상숭배와 원망에 대한 하나님의 심판으로 한 세대가 광야에서 죽었다(5-10절). 바울은 고린도 교인들에게 다시 악한 것에 마음을 두면, 그들도 하나님의 심판받을 수 있다고 경고한다(6절). 그는 계속해서 이렇게 말한다. "그들에게 일어난 이런 일은 본보기가 되고 또한 말세를 만난 우리를 깨우치기 위하여 기록되었느니라"(11절).

바울이 본보기 교훈 방식을 사용했다면 우리도 사용할 수 있다! 본보기 교훈을 통해 아이들은 자신이 이야기 속의 영웅이나 악당과 비슷하다고 느끼고, 따르거나 피해야 할 본보기를 배울 수 있다. 다윗과 골리앗의 이야기를 이런 식으로 가르치는 것을 들어본 적이 있을지 모르겠다. 이 방식에 따르면, 이 이야기의 요지는 용감해지는 것이다. 큰 난관을 용기 있게 마주하는 것이다. 만화 영화 〈야채극장 베지테일〉(Veggie Tales)의 표현을 빌자면 "작은 아이들도 큰일을 할 수 있다!"[1]

이야기를 이런 식으로 전하면 아이들은 핵심 인물과 세부적인 내용을 기억할 수 있다. 다윗이 떡 열 덩이를 형들에게 가져가고, 치즈 열 덩어리를 부대장에게 가져갔다는 사실을 기억하는가?(삼상 17:17-18) 치즈 열 덩어리면 피자 열 판을 굽기에 제격이다! 또 아이들은 다윗이 사울의 갑옷을 입기에 너무 작았고(38-39절), 매끄러운 돌 다섯 개와 물매를 가져갔으며(40절), 골리앗의 머리를 베었다는(51절) 사실도 기억할 것이다. 다윗은 따라야 할 본보기이므로 아이들은 다윗처럼 용감해져야 한다는 사실을 기억할 것이다.

이것은 성경 이야기를 전하는 한 방식이다. 본보기 교훈은 무엇을 하고 무엇을 하지 말아야 할지를 분명하게 전한다. 하지만 본보기 교훈만 전한다면 아이들이 하나님에 관해서 무엇을 배우겠는가?

접근법 2:
하나님 중심(혹은 신학적인) 교훈

하나님 중심 혹은 신학적인 교훈은 아이들이 성경 이야기의 주인공이신 하나님께 초점을 맞출 수 있게 해준다. 이 접근법은 성경이 하나님이 어떤 분이시며 우리를 위해 무엇을 해주셨는지 보여주기 위해 쓰였다는 확신에 근거한다. 따라서 우리가 성경을 가르치려고 준비할 때 스스로 가장 먼저 물어야 할 질문 중 하나는 "이 이야기에서 '하나님'은 무엇을 하고 계시는가?"[2]이다.

사무엘상 17장을 가르칠 때는 다윗을 잊지 말아야 한다. 하지만 그로 인해 하나님이 이 이야기의 진짜 주인공이시라는 사실을 놓쳐서는 곤란하다. 다윗이 사울 왕에게 뭐라고 말했는지 기억하는가? "여호와께서 나를 사자의 발톱과 곰의 발톱에서 건져내셨은즉 나를 이 블레셋 사람의 손에서도 건져내시리이다"(37절). 골리앗이 검과 창과 단창으로 다가올 때 다윗은 자신의 무기를 나열하기 시작하지 않았다. "자, 내 물매 맛 좀 봐라!" 아니다. 다윗은 이렇게 말했다. "나는 만군의 여호와의 이름 곧 네가 모욕하는 이스라엘 군대의 하나님의 이름으로 네게 나아가노라"(45절). 다윗은 전쟁이 하나님께 속했다는 사실을 알았다. 다윗의 말을 들으면 이 이야기가 다윗의 본보기 이상을 담고 있다는 사실을 이해하게 된다. 이 이야기는 '하나님'과 그분이 주시는 구원에 관한 이야기다.

하나님 중심의 교훈은 단순한 본보기 교훈보다 크게 향상된 것이다. 하지만 하나님 중심의 교훈만 전하는 것도 아직은 부족하다. 우리는 모두 진리를 머리로 알되 그 진리로 마음의 변화까지 얻지는 못한 아이들과 어른들을 알고 있다. 신학 지식을 넘어 은혜로 말미암아 개인적인 변화로까지 나아가게 하는 접근법을 제안하고 싶다.

접근법 3:
복음 중심의 교훈

성경 이야기를 전하는 마지막 방법은 복음 중심의 교훈이다.

> **【복음 중심의 가르침】**
> **복음 중심의 가르침**은 성경을 원래 배경에서 이해한 뒤에 그 이야기의 줄거리를 더 큰, 그리스도 중심의 줄거리로 연결하는 것이다.

사도 바울은 복음의 메시지만으로 크리스천이 충분히 성장할 수 있다고 말한다. 바울은 서신서에서 하나님의 아들이신 구주 예수 그리스도가 성경의 주인공이라고 강조한다.

하지만 안타깝게도 예수님에 관해 전혀 언급하지 않고도 성경을 전할 수 있다. 예수님은 당시 종교 지도자들에게 이렇게 말씀하셨다. "너희가 성경에서 영생을 얻는 줄 생각하고 성경을 연구하거니와 이 성경이 곧 내게 대하여 증언하는 것이니라"(요 5:39). 옛 서기관과 바리새인은 예수님을 구주로 보지 않고, 성경을 단순히 종교적 규칙과 신앙의 본보기를 담은 책으로 보았다. 부모이자 선생으로서 우리의 책임은 아이들에게 성경을 가르칠 때마다 그 안에서 그리스도를 찾게 하는 것이다.

시드니 그레이다누스(Sidney Greidanus)는 『구약의 그리스도, 어떻게 설교할 것인가』(Preaching Christ from the Old Testament)라는 책에서 복음 중심의 접근법을 이렇게 정의했다. "본문 메시지를 신약에 계시된 예수님의 정체성과 사역, 가르침에 나타난 하나님 계시의 클라이맥스와 진정으로 통합하는 교훈이다."[3] 그레이다누스의 접근법은 두 가지 해석적 접근법을 함축한다. 첫째, 우리는 기존 인간 저자가 이 이야기를 자기 청중에게 전한 목적을 이해해야 한다. 둘째, 이 이야기의 줄거리를 성경 전체의 줄거리와

연결해야 한다.[4]

어떻게 그렇게 할 수 있을까?

한번은 복음 중심의 교훈을 준비하기 위한 최선의 방법에 관해서 마티 마쵸스키(Marty Machowski)를 비롯한 어린이 사역 리더들과 대화를 나눈 적이 있다. 그때 그는 우리에게 이렇게 말했다. "성경 이야기에서 누구에게 복된 소식이 필요한지를 알아야 합니다. 그러고서 우리 아이들이 그 사람에게서 자기 모습을 볼 수 있도록 도와야 합니다." 복음 중심의 가르침을 준비하기 위해서는 먼저 해당 구절에서 누구에게 가장 구원이 절실한지를 파악해야 한다. "이 이야기에서 누구에게 복된 소식이 '필요'한가?"

다윗과 골리앗의 이야기에서 누구보다 구원이 시급한 사람은 이스라엘 백성이었다. 사울이라는 약한 왕 밑에서 골리앗이라는 강한 적과 대면하고 있었다. 골리앗은 엘라 골짜기로 나와 이스라엘 왕을 도발했다. 그는 온 이스라엘뿐 아니라 이스라엘의 하나님을 모욕했다. 그 순간, 이스라엘은 자신들을 구해줄 용감한 영웅이 필요했다. 사울은 누구보다 먼저 전장으로 나가 골리앗에게 맞서야 했지만, 그는 잔뜩 겁을 집어먹고 무기력해져 있었다. 그 결과, 그의 군대도 무기력해졌다.

하나님은 이 절체절명의 상황에서 이스라엘을 도우려고 어떻게 하셨는가?

하나님은 다윗을 보내셨다. 그곳에 있던 사람들은 아직 몰랐지만, 우리는 다윗이 새로 기름부음을 받은 이스라엘의 왕으로 그 전장에 들어갔다는 사실을 안다(삼상 16장). 베들레헴에서 온

목동이 백성의 대표로 나섰다. 하나님은 백성을 위해서 전투를 승리로 이끄실 때 다윗을 '통해' 그렇게 하셨다.

이제 하나님이 이 이야기 속의 절실한 사람들을 위해서 무엇을 행하고 계시는지 알았기에, 이 이야기를 성경 전체 줄거리와 연결해봐야 한다. 다시 말해, 이 작은 이야기에 나타난 하나님의 역사가 성경 전체 이야기 속에서 예수님이 우리를 위해 행하신 역사를 어떻게 가리키는지 알아봐야 한다. 잭 클럼펜하우어는 이런 식으로 질문을 구성했다. "어떻게 하나님은 예수님 안에서 우리에게 이와 같은(더 좋은) 일을 행하시는가?"[5]

이 질문을 던져보면, 다윗이 자신을 넘어 무언가를 가리키고 있다는 사실이 보이기 시작한다. 구원자인 소년은 하나님이 백성을 구원하시는 구체적인 방식을 엿보게 해준다. 하나님은 그분의 대표인 왕, 즉 베들레헴의 소년을 보내 원수의 머리를 박살내셨다. 뭔가 익숙하지 않은가? 다윗은 영웅이었다. 하지만 그는 진정한 영웅이신 예수님을 가리키고 있다.

먼저 아이들이 이야기 속에서 복음이 필요한 사람들과 자신의 공통점을 본 뒤에, 하나님이 그 사람들 속에 어떻게 복된 소식을 가져오시는지 보도록 도와야 한다. 그럴 때 우리는 예수님이 구체적으로 어떻게 '우리' 안에 복된 소식을 가져오시는지를 발견할 수 있다. 복음을 믿으면 어떻게 생명과 소망을 얻는지를 구체적으로 알게 된다.

사무엘상 17장 메시지는 우리에게 복된 소식이다. 그것은 다윗처럼 우리도 거인들과 싸우고 있기 때문이다. 우리가 가르치는 아이들은 믿음이 헛수고라고 말하는 회의주의자의 세상 속에서 살고 있다. 세상을 보면 눈에 보이는 것이 전부라고 생각하기 쉽다. 크리스천들은 대개 세상 사람들보다 권력과 돈이 적다. 우리는 세상의 거인들보다 성공하지 못한 경우가 많다. 그렇게 왜 굳이 경건하게 살며 유혹을 뿌리쳐야 하는가? 우리는 불안감과 두려움 속에서 얼어붙을 수 있다. 하지만 그럴 필요가 없다. 이미 우리 원수의 머리를 벤 베들레헴의 소년이 있기 때문이다. 예수님이 우리를 위해 싸우셨다는 사실을 알면, 아이들은 확신을 얻는다. 이런 복음 중심의 교훈은 아이들에게 그리스도가 왜 성경의 중심인물인지를 가르쳐줄 뿐 아니라, 그분을 보며 삶의 방식을 바꿀 깊고도 강력한 동기를 얻도록 도와줄 수 있다.

복음 중심 해석의 실제

나는 복음 중심의 교훈을 추구해야 한다고 믿는다. 하지만 복음 중심을 이상으로 삼아도 실제로 그렇게 하기는 쉽지 않다는 것을 잘 안다. 내 경우, 수업 준비를 할 때 다음 표([표 5.1])가 도움이 되었다.

구체적인 방법은 이렇다. 종이의 맨 위에 가르치려는 교훈의 본문의 장과 절을 적으라. 그 아래에 네 칸을 만들라. 각 칸에 다음 네 질문에 대한 답을 적으라.[6]

[표 5.1] 복음 중심 해석의 실제

성경 구절: 사무엘상 17장

원문에 나오는 이야기의 목적은 무엇인가?		이 이야기가 성경 전체의 줄거리와 어떻게 연결되는가?	
필요 이 이야기에서 누구에게 복음이 필요한가?	**하나님의 역사** 이 이야기에서 하나님은 백성을 위해 무엇을 행하시고 계시는가?	**복된 소식!** 어떻게 하나님은 예수님 안에서 우리에게 이와 같은(더 좋은) 일을 행하시는가?	**믿으라!** 이 복된 소식을 믿으면 우리 삶의 방식이 어떻게 변할까?
이스라엘. 그들의 상황이 다윗과 같았기 때문에. -강한 적 -부족한 왕	하나님은 이런 사람을 보내주심. -새로운 왕 -백드레헴에서 온 목동 -백성을 대표하는 사람 -원수를 물리칠 사람	예수님은 이런 분이다. -우리의 새로운 왕 -배들레헴 출신의 우리 구주 -우리의 대표 -사탄의 머리를 부숴 내신 분	예수님이 우리를 위해 사탄과 싸우셨다는 사실을 알기에, 우리가 약하다고 느껴질 때에도 죄와 유혹에 맞서 싸울 수 있다.

- **필요:** 이 이야기에서 누구에게 복음이 필요한가?
- **하나님의 역사:** 이 이야기에서 하나님은 백성을 위해 무엇을 행하고 계시는가?
- **복된 소식!:** 어떻게 하나님은 예수님 안에서 우리에게 이와 같은(더 좋은) 일을 행하시는가?
- **믿으라!:** 이 복된 소식을 믿으면 우리 삶의 방식이 어떻게 변할까?

3부의 끝에 복음 중심 해석을 실제로 해볼 수 있는 면을 마련했다. 설교 준비를 하기 전에 먼저 이 네 가지 질문과 씨름해 보기를 바란다. 다음 장에서는 구약의 다른 이야기를 두고, 복음 중심 해석을 더 자세히 설명하도록 하겠다. 그것은 다니엘서 4장 1-37절에 기록된 느부갓네살 왕의 두 번째 꿈에 관한 이야기다.

【6장】

복음 중심 해석의 실제

교만한 왕이 꾼 악몽

여름 성경학교 때 다니엘서의 전반부로 아이들을 가르친 적이 있다. 다니엘서를 연구하면서, 처음에는 다니엘, 사드락, 메삭, 아벳느고 같은 영웅에 관해 많은 것을 배울 줄로 예상했다. 하지만 설교를 준비하면서, 우리가 5장에서 논한 질문을 계속해서 떠올리게 되었다. 다니엘서 4장 1-37절을 종이 맨 위에 쓰고, 아래에 네 칸을 그린 다음, 다음과 같은 제목을 달았다.

- **필요**: 이 이야기에서 누구에게 복음이 필요한가?
- **하나님의 역사**: 이 이야기에서 하나님은 백성을 위해 무엇을 행하고 계시는가?
- **복된 소식!**: 어떻게 하나님은 예수님 안에서 우리에게 이와

같은(더 좋은) 일을 행하시는가?
- **믿으라!**: 이 복된 소식을 믿으면 우리 삶의 방식이 어떻게 변할까?

그러고 나서 마티 마쵸스키의 조언을 생각하기 시작했다. 나는 아이들이 이 구절에서 복음이 가장 필요한 사람을 발견하고, 그 사람의 모습에서 자신을 바라보기를 바랐다. 그런데 공부를 하다 보니 뜻밖에도 그 이야기에서 복음이 가장 필요한 사람은 바로 느부갓네살 왕이었다. 나는 이 교만한 우상숭배자 이방인에게서 많은 것을 배워야 했다.

누구에게 복음이 필요한가?
교만한 느부갓네살 왕

나는 다니엘서 4장으로 설교를 준비하면서 이전 장들을 읽었다. 느부갓네살은 막대한 권력을 지녔지만, 성미가 급한 사람이었다. 그러니까 정서적 건강과는 거리가 먼 사람이었다! 다니엘서 2장에서 그는 단지 자신의 마음을 읽지 못했다는 이유로 측근들을 사형시킨다(8-9절). 느부갓네살의 성질머리보다 더 강한 것은 그의 교만밖에 없어 보였다. 한 기이한 꿈을 통해 하나님은 느부갓네살의 거대한 제국이 영원하지 않으리라는 사실을 밝혀주셨다(44-45절). 궁극적으로는 하나님의 영원한 나라가 바벨론은 물론이고 다른 모든 인간의 나라를 무너뜨릴 것이었다. 하지만 느부갓네살은 이 강력한 메시지를 그냥 흘려듣고 말았다. 그는 겸손으로 반응하는 대신, 자신이 "금 머리"라는 사실만 기억했다(37-38절).

그로부터 얼마 지나지 않아 느부갓네살은 온 국민이 숭배하도록 거의 30미터에 육박하는 신상을 세웠다(단 3:1). 다음 상황은 다들 알 것이다. 다니엘의 세 친구인 사드락과 메삭, 아벳느고는 느부갓네살의 신상 앞에 절하기를 거부했다. 이에 화가 머리꼭지까지 오른 왕은 풀무에 뜨거운 불을 피워 세 사람을 불길 속으로 던져버렸다. 그 순간, 느부갓네살 왕은 하나님을 보았다. 풀무 속을 들여다보니 불 속에 네 번째 사람이 있었는데 "신들의 아들과"(3:25) 같았다. 나중에 세 친구를 살펴봤더니 불에 터럭만큼도 상하지 않았다. 바비큐 구덩이에 던져진 냄새가 나기는커녕 모닥불 앞에 앉아 있었던 것만큼의 냄새도 나지 않았다!

이 놀라운 기적에 영향받은 느부갓네살 왕은 참된 하나님을 인정했다(3:29). 하지만 그는 여전히 위협으로 나라를 이끌고 있었다. 그는 세 친구를 모함한 사람들을 모조리 갈가리 찢어 죽이고 멸족의 형벌을 내리라고 명령했다. 저런!

내가 해석표의 첫 번째 칸에 쓴 내용을 읽어보라([표 6.1]).

[표 6.1] 필요: 이 이야기에서 누구에게 복음이 필요한가?

성경 구절: 다니엘 4장 1~37절

필요 이 이야기에서 누구에게 복음이 필요한가?	하나님의 역사	복된 소식!	믿으라!
느부갓네살, 이유는… - 교만 성미 - 강압적인 위협 - 우상숭배 - 교만			

【6장】 복음 중심 해석의 실제

하나님은 무엇을 행하셨는가?
꿈꾸게 하시고 선지자를 보내심

다니엘서 4장의 도입부에서 느부갓네살은 또 다른 법령을 발포한다. 그는 통치하는 내내 백성을 공포에 떨게 했던 왕이지만(3:6, 29) 이번 법령은 전혀 달랐다.[1] 그의 말은 실로 놀랍다. "지극히 높으신 하나님이 내게 행하신 이적과 놀라운 일을 내가 알게 하기를 즐겨하노라"(4:2). 교만한 왕의 어조가 어떻게 그렇게 변하게 되었을까?

느부갓네살 왕의 마음을 변화시키기 위한 하나님의 역사는 두 번째 꿈에서 시작되었다. 이 꿈에서 왕은 잎과 열매 아래에 짐승과 새가 거주하는 거대한 나무를 보았다(단 4:11-12). 그런데 하늘의 사자가 내려와 이 나무를 벨 것이라고 말한다(14-15절). 나무는 베어질 뿐 아니라 짐승의 마음을 얻고 들판에서 살 것이다(4:16). 이상하지 않은가? 나무는 풀을 먹지 않는다! 느부갓네살 왕이 잠자기 전에 바벨론 칵테일을 너무 많이 마신 것이 아닐까?

잠에서 깬 느부갓네살은 평소처럼 신하들을 위협하지 않고 다니엘을 불러오게 한다. 꿈 이야기를 들은 다니엘 선지자는 조심스럽게 꿈을 해석해주었다. 그 꿈에 나쁜 소식이 담겨 있었기 때문이다. 다니엘은 느부갓네살 왕이 바로 나무라고 설명했다(4:22). 그는 크고 강하게 자랐다. 그의 왕국은 세상 끝까지 뻗어나간다. 하지만 나무가 베어지는 것처럼 그도 권력을 잃고 광야에서 야생동물처럼 먹고살게 될 것이다. 이 모든 것은 그의 교만 때문이었다.

다니엘이 느부갓네살 왕의 죄를 지적하고 음울한 메시지를 전하기 위해서는 큰 용기가 필요했다. 하지만 다니엘의 꾸지람은 희망 없는 말이 아니었다. 다니엘은 느부갓네살 왕에게 너무 늦기 전에 죄에서 돌아서라고 호소했다.

> 그런즉 왕이여 내가 아뢰는 것을 받으시고 공의를 행함으로 죄를 사하고 가난한 자를 긍휼히 여김으로 죄악을 사하소서 그리하시면 왕의 평안함이 혹시 장구하리이다(단 4:27).

안타깝게도 느부갓네살 왕은 다니엘의 경고를 귀담아듣지 않았다. 1년 뒤 그는 발코니로 걸어 나가 자랑하기 시작했다. "이 큰 바벨론은 내가 능력과 권세로 건설하여 나의 도성으로 삼고 이것으로 내 위엄의 영광을 나타낸 것이 아니냐?"(단 4:30) 그 즉시 하늘에서 그가 권력을 빼앗길 것이라는 음성이 들려왔다(31-32절). 그의 마음이 바뀌었고, 그는 7년 동안 들판에서 짐승처럼 살았다. 그 후에야 정신이 들어서 이렇게 말했다. "지금 나 느부갓네살은 하늘의 왕을 찬양하며 칭송하며 경배하노니 그의 일이 다 진실하고 그의 행하심이 의로우시므로 교만하게 행하는 자를 그가 능히 낮추심이라"(37절).

나는 해석표의 두 번째 칸에 네 가지 핵심 진술을 기록했다. 나는 '이 이야기에서 하나님은 백성을 위해 무엇을 행하고 계시는가?'라는 질문에 다음과 같이 대답했다.

[표 6.2] 하나님의 역사: 이 이야기에서 하나님은 무엇을 행하고 계시는가?

성경 구절: 다니엘 4장 1-37절

필요	하나님의 역사	복된 소식	믿으라!
이 이야기에서 누구에게 복음이 필요한가?	이 이야기에서 하나님은 백성을 위해 무엇을 행하고 계시는가?		
-느부갓네살, 이웃는… -강한 왕 -교만한 왕 권력 남용 -우상숭배 -교만	-하나님은 느부갓네살의 교만을 경고하기 위해 많은 꿈을 꾸게 하시고, 다니엘 선지자를 보내셨다. -하나님은 회개하지 않는 느부갓네살을 벌하셨다. -하나님은 겸손케 된 느부갓네살을 회복하셨다. -하나님은 왕의 위협을 강력한 증인으로 바꾸셨다.		

114 · 115

1. 하나님은 느부갓네살의 교만을 경고하기 위해 꿈을 꾸게 하시고, 다니엘 선지자를 보내셨다.
2. 하나님은 회개하지 않은 느부갓네살을 벌하셨다.
3. 하나님은 겸손해진 느부갓네살을 회복시키셨다.
4. 하나님은 왕의 위협을 강력한 증언으로 바꾸셨다.

복된 소식!: 어떻게 하나님은 예수님 안에서 우리에게 이와 같은(더 좋은) 일을 행하시는가?

성경 해석의 세 번째 질문은 '어떻게 하나님은 예수님 안에서 우리에게 이와 같은(더 좋은) 일을 행하시는가?'이다.[2] 이것은 두 부분으로 이루어진 단순한 질문이다. 첫째, 하나님이 이 이야기에서 행하신 일과 '같이' 예수님을 통해 우리에게 행해주시는가? 둘째, 하나님은 그 일을 예수님을 통해 어떻게 '더 좋게' 행해주시는가?

비슷한 점부터 살펴보자. 다니엘서 4장에서 우리는 하나님이 느부갓네살의 교만을 경고하기 위해 꿈을 꾸게 하시고, 다니엘 선지자를 보내셨다. 다니엘은 교만한 왕의 죄를 지적하기 위해 목숨을 걸었다. 예수님도 우리의 죄를 위해 목숨을 내어주셨다. 이것이 내가 느부갓네살 이야기와 성경 전체 이야기 사이에서 발견한 첫 번째 연결점이다.

두 번째 연결점(예수님이 어떻게 더 나으신지)은 몇몇 연구 도구를 활용하기 전에는 분명하게 보이지 않았다. 구약 성경으로 가르침을 준비할 때 병행해서 즐겨 보는 스터디 바이블이 있다. 나는 BibleGateway.com에서 무료로 제공하는 『개혁주의 스터디 바이블』(The Reformation Study Bible)과 『성경신학 스터디 바이블』(Biblical Theology Study Bible)의 주해를 주로 본다.[3] 주해들을 유심히 보면, 대부분 구약의 구절을 신약에 연결하는 상호참조를 발견할 수 있다. 나는 상호참조라는 간단한 도구로, 구약의 많은 구절이 그리스도를 가리키는 것을 확인했다. 이것은 교과서 맨 뒤에 있는 답을 보면서 수학 숙제에 점수를 매기는 것과 비슷하다. 내가 이 도구를 사용하여 연결하는 몇 가지 사례를 소개해보겠다(3부 끝에 수록한 '해석표'와 '수업 계획표'를 실제로 작성할 때 이 도구가 도움이 될 것이다).

때로는 '유사점'을 발견한다. 예수님이 구약 이야기 속의 누군가나 무언가와 '같다는' 점을 보여주는 신약 구절들을 볼 수 있다. 예를 들어, 요한복음 3장 14-17절에서 예수님은 자신이 모세가 광야에 세운 놋뱀과 '같다고' 말씀하신다(민 21:4-8). 어떻게 그런가? 사람들이 그분을 보면 죽지 않고 죽음에서 구원받아 영생을 얻을 수 있기 때문이다.

때로는 예수님이 구약 인물을 '능가하시는' 것을 확인할 수 있다. 마태복음 12장 42절에서 예수님은 자신이 솔로몬보다 '크다고' 말씀하신다. 예수님은 그분을 거부한 세대가 시바 여왕이 솔로몬을 찾았던 것처럼 그분의 지혜를 찾아야 했지만, 그러지 않았기 때문에 심판받을 것이라고 말씀하신다(왕상 10:1-13).

나는 스터디 바이블에서 다니엘서 4장의 여백에 있는 상호

참조를 보고, 예수님이 느부갓네살과 '전혀 다르시다는' 사실을 발견했다. 예수님은 겨자씨의 비유에서 느부갓네살의 꿈에 등장한 큰 나무의 이미지를 사용하신다.

> 천국은 마치 사람이 자기 밭에 갖다 심은 겨자씨 한 알 같으니 이는 모든 씨보다 작은 것이로되 자란 후에는 풀보다 커서 나무가 되매 공중의 새들이 와서 그 가지에 깃들이느니라(마 13:31-32).

예수님은 느부갓네살의 꿈에 나오는 것과 같은 나무의 이미지를 사용하셨을 뿐 아니라 놀랄 정도로 비슷한 표현을 하셨다. 공중의 새들이 그 나무의 가지에 둥지를 트는 것이 그렇다(단 4:12; 마 13:32). 하지만 예수님은 느부갓네살의 나라와 완전히 다른 나라를 묘사하신다. 바벨론은 점점 자라서 거대해졌지만, 느부갓네살의 나라는 교만으로 인해 베어졌다. 반면, 하나님의 나라는 겸손하게 작게 시작하지만, 모든 나라 중에서 가장 크고 위대하게 자란다.

이제 나는 다니엘서 4장과 예수님 삶 사이의 큰 연결성을 보기 시작한다. 다니엘은 느부갓네살의 교만을 지적하기 위해 목숨을 걸었다. 예수님도 겸손한 가운데 우리에게 같은 일을 행해 주신다. 단, 더 좋게 해주신다! 그리스도는 자신을 낮추어 인간이 되셨고, 종의 모습을 취하셨으며, 십자가에서 죽기까지 순종하셨다(빌 2:6-8). 나의 교만 앞에서 예수님은 내 죄에 해당하는 형벌을 대신 받아 목숨을 내어주셨다. 예수님은 나처럼 교만한 자를 위해 죽으셨다. 예수님의 겸손함으로 인해, 하나님은 예수님을 높이셨고 그분께 영원한 나라를 주셨다.

> 이러므로 하나님이 그를 지극히 높여 모든 이름 위에 뛰어난 이름을 주사 하늘에 있는 자들과 땅에 있는 자들과 땅 아래에 있는 자들로 모든 무릎을 예수의 이름에 꿇게 하시고 모든 입으로 예수 그리스도를 주라 시인하여 하나님 아버지께 영광을 돌리게 하셨느니라(빌 2:9-11).

이것은 아름다운 법령이다! 나는 해석표의 세 번째 칸에 다음과 같이 적었다. "예수님이 느부갓네살 왕보다 나으신 이유는…"

1. 예수님은 교만한 죄인들을 겸손하게 섬겨주신다.
2. 예수님은 아버지께 순종하여, 우리의 교만함 때문에 우리가 받을 형벌을 대신 받으셨다.
3. 겸손으로 인해 예수님은 높임받고 영원한 나라를 받으셨다.

이 복된 소식을 믿으면
우리 삶의 방식이 어떻게 변할까?

느부갓네살의 이야기를 보면, 강제로 무릎을 꿇리는 것보다 알아서 절하는 편이 낫다는 사실을 깨닫게 된다. 나는 해석표의

[표 6.3] 복된 소식: 어떻게 하나님은 예수님 안에서 우리에게 이와 같은(더 좋은) 일을 행하시는가?

성경 구절: 다니엘 4장 1-37절

필요	하나님의 역사	복된 소식!	믿으라!
이 이야기에서 누구에게 복음이 필요한가?	이 이야기에서 하나님은 백성을 위해 무엇을 행하고 계시는가?	어떻게 하나님은 예수님 안에서 우리에게 이와 같은(더 좋은) 일을 행하시는가?	
-느부갓네살, 이교도... -교만한 삶 -강압적인 위협 -우상숭배 -교만	-하나님은 느부갓네살의 교만을 경고하기 위해 꿈을 그에게 주시고, 다니엘 선지자를 보내셨다. -하나님은 회개하지 않는 느부갓네살을 벌하셨다. -하나님은 경손해진 느부갓네살을 회복시키셨다. -하나님은 왕의 위엄을 갓렸던 중인으로 바꾸셨다.	예수님이 느부갓네살 왕보다 나으신 이유는... -예수님은 교만한 죄인들을 경손하게 섬겨주신다. -예수님은 아버지께 순종하여, 우리의 교만함 때문에 우리가 받을 형벌을 대신 받으셨다. -경손으로 인해 예수님은 높이받고 영원한 나라를 받으셨다.	

[6장] 복음 중심 해석의 실제

마지막 칸으로 넘어가면서 확신이 생겼다. 성령은 이 구절을 사용하여 나의 교만을 밝혀주셨다. 사실 내가 우리 가족의 신앙을 책임지고 있다고 생각할 때가 많았다. 내가 세운 훈육 방식 혹은 휴대전화 사용 원칙이나 교육에 관한 선택을 믿으며, 어떤 면에서는 교만한 태도로 아이들을 키웠다. 일이 잘 풀려서 휴가 때 가족과 찍은 사진을 SNS에 올릴 때면, 내 발코니에 서서 '내가 정말 멋진 가족을 일구지 않았는가!'라고 뿌듯하게 여겼는데, 이 모습이 마치 느부갓네살의 모습과도 같았다.

하지만 다니엘서 4장을 공부할 때 성령은 내가 아이들을 주로 어떤 식으로 가르치는지를 다시 돌아보게 하셨다. 고압적인 자세로 가르치지는 않는지, 아니면 정말 증인의 언어를 사용하는지 되돌아보았다. 아이들에게 억지로 성경을 읽게 하는가, 아니면 먼저 성경을 사랑하는 본을 보여주는가? 아이들이 휴대전화를 자주 사용하는 것에 화를 내며 계속 감시하는가, 아니면 내가 먼저 휴대전화를 끄고 아이들과 함께 놀아주는가?

어린이 사역을 위한 설교를 준비할 때 주로 3학년 아이들이 보일 법한 신앙적인 반응이란 무엇일까를 고민한다. 물론 이런 성경 공부에서 아이들이 교만에 빠지면 어떤 행동을 하게 되는지 알려줄 필요성도 있다. 하지만 여름 성경학교 기간에 느부갓네살 왕에 관한 강의를 준비하다가 나는 하나님이 보여주시는 나 자신의 죄를 솔직히 돌아보게 되었다. 다니엘서 4장을 통해 내가 교만했던 부분을 가족, 더 나아가 내가 가르치는 아이들에게 고백해야 할 필요성을 느꼈다. 먼저 내 분노를 고백한 뒤에 겸손한 자들에게 은혜를 주시는 위대한 하나님이 나의 하나님이시라는 사실에 기쁨을 표현해야 했다.

나는 가르칠 내용을 정리하면서, 해석표의 마지막 칸에 다음과 같이 기록했다.

1. 그리스도가 자신을 낮추셨기 때문에 내 분노와 교만에 관해서 솔직해질 수 있다.
2. 불안함을 낳는 교만에서 기쁨이 넘치는 겸손으로 돌아설 수 있다.
3. 증언의 힘으로 다른 사람들을 설득하려고 노력할 수 있다.

가르치는 내내 그리스도를 중심에 두라

이번 장에서 나는 복음 중심으로 가르치는 데 도움이 되는 도구(질문과 해석표)를 나누었다. 하지만 그리스도 중심의 해석을 해본 뒤에도 기존의 본보기 교훈 방식으로 돌아가기가 쉽다. 말씀을 공부하고 '느부갓네살 왕처럼 교만하게 살지 말라!'는 수준에 머물기가 쉽다.

어떻게 예수님을 모든 교육 시간의 중심에 둘 수 있을까? 해석표를 완성한 뒤에 당신이 발견한 것을 한 가지 '핵심 진리'로 정리해보라. 핵심 진리는 예수님을 수업의 전면이자 중심에 두

[표 6.4] 믿으라: 이 복된 소식을 믿으면 우리 삶의 방식이 어떻게 변할까?

성경 구절: 다니엘 4장 1~37절

필요	하나님의 역사	복된 소식!	믿으라!
이 이야기에서 누구에게 복음이 필요한가?	이 이야기에서 하나님은 백성을 위해 무엇을 행하고 계시는가?	어떻게 하나님은 예수님 안에서 우리에게 이와 같은 좋은 일을 행하시는가?	이 복된 소식을 믿으면 우리 삶의 방식이 어떻게 변할까?
-느부갓네살, 이교도 -교만한 왕 -강압적인 위협 -우상숭배 -교만	-하나님은 느부갓네살의 교만을 경고하기 위해 꿈을 크게 하시고, 다니엘 선지자를 보내셨다. -하나님은 회개하지 않은 느부갓네살을 낮추셨다. -하나님은 겸손해진 느부갓네살을 회복하셨다. -하나님은 왕의 위협을 강력한 증언으로 바꾸셨다.	-예수님은 느부갓네살보다 나으신 이가 되는… -예수님은 교만한 죄인들을 겸손하게 섬겨주신다. -예수님은 아버지께 순종하여, 우리의 교만을 대신에 우리가 받을 형벌을 대신 받으셨다. -겸손으로 인해 예수님은 표현받고 영원한 나라를 받으셨다.	-그리스도가 자신을 낮추셨기 때문에 내 본보와 교만이 꼼꼼하 숨겨질 수 있다. -불안함을 놓는 겸손으로 교만에서 기쁨이 넘치는 겸손으로 들어갈 수 있다. -죄인들의 힘으로 다른 사람들을 섬기라고 노력할 수 있다.

122 · 123

게 해준다. 내가 핵심 진리를 어떻게 찾는지 설명해보겠다.

첫째, 어린이 사역 커리큘럼에서 제공하는 핵심 진리를 찾는다. 대부분 성경 교재에서 수업 내용을 한두 문장으로 정리한 것을 발견할 수 있다. 보통 '이야기의 요점'이나 '핵심 개념'이라는 제목이 붙어 있다. 커리큘럼에서 핵심 진리를 제공한다면 그것을 참고하라.

둘째, 예수님을 이 핵심 진리의 중심에 둔다. 일부 커리큘럼 저자들은 단순히 이야기 속 사건을 정리한 것을 핵심 진리로 제시한다. 예를 들어, 다니엘서 4장의 핵심 진리를 '하나님이 꿈을 통해 느부갓네살의 교만을 경고하셨다' 정도로만 정리할 수 있다. 이래서는 복음과 사명이 중심이 된 교육을 할 수 없다.

지금까지 이렇게 해왔거나 당신이 사용하는 커리큘럼에서 적절한 핵심 진리를 제공하지 않는다면, 당신 스스로 핵심 진리를 찾아보라. 해석표의 '복된 소식!'과 '믿으라!' 항목에 쓴 내용으로 핵심 진리를 정리할 수 있다. 다니엘서 4장을 본문으로 한 성경 강의에서 내가 쓴 핵심 진리는 다음과 같다.

그리스도가 우리를 위해 자신을 낮추셨기 때문에(복된 소식!) 우리는 교만에서 돌아설 수 있다(믿으라!).

마지막으로, 핵심 진리를 기억하고 가르치는 내내 반복한다. 핵심 진리를 마음에 새긴 뒤에는 그 요지에서 벗어나지 않도록 계속해서 되뇌어야 한다. 나는 본격적으로 가르치기 전에 교육 내용을 전반적으로 소개할 때 핵심 진리를 언급한다. 그리고 배운 것을 복습할 때도 다시 핵심 진리를 말한다. 심지어 공작 시간과 간식 시간에도 핵심 진리를 상기시켜준다. 때로는 아이들이 내게 핵심 진리를 다시 말해주기도 한다.

해석표와 핵심 진리에는 분명한 목적이 있다. 그것은 그리스도와 그분이 행하신 일에 집중하도록 도와주는 도구다(요 5:39; 눅 24:27). 찰스 스펄전(Charles Spurgeon)은 그것을 이렇게 표현했다. "잉글랜드의 모든 도시와 마을에 런던으로 이어지는 길이 있다는 것을…알지 못하는가?"[4] 예수님은 성경의 수도이시다. 모든 성경 구절에는 그분께로 이어지는 길이 나 있다. 아이들을 가르치는 자로서 우리의 목표는, 그 길을 찾아 그 길 끝에서 기다리고 계시는 크신 주님께로 아이들을 인도하는 것이다.

[7장]

삶의 실천, 참여, 적용을 위한 발견

아이들을 잘 가르치기

새로운 소그룹이나 성경 공부에 처음 참석한다고 상상해보라. 이런 모임이 어떻게 진행될지 머릿속에 그려지는가? 먼저, 소개 시간이 있다. 최소한 몇 명과 인사를 나눈다. 서로 학교에서 잘 지내고 있는지, 손자들의 상황은 어떤지, 새로운 직장에서 잘 적응하고 있는지 등, 간단하게 안부를 묻는다. 커피를 한 잔 받고 자리를 잡는다. 모두가 잠시 담소를 나눈 뒤에 주최자나 진행자가 모임을 시작한다. 대개는 한 사람에게 기도를 부탁한다. 기도를 마친 뒤에는 수업을 시작한다. 성인 성경 공부는 주로 수업 개요에 따라 구성된다.

성경의 한 책을 공부한다면, 수업은 성경 구절의 논리 흐름이나 내러티브에 따라 이루어진다. 대부분 성경 공부 모임은 그

주의 본문에서 몇 구절을 소리 내어 읽고 나서 그 의미를 토론하며 시작된다. 열정적인 교사라면 1절에 왜 "그러므로"가 나오는지와 같은 날카로운 질문을 던질 것이다. 그러고서 각 단락, 더 나아가 각 구절을 차례로 살펴본다. 텍스트의 의미가 더 분명해지면, 좋은 교사는 참여자들에게 그 의미가 각자의 삶과 어떻게 연결되는지를 생각하게 한다. 예를 들면, 이 구절이 참여자의 연애 생활에, 혹은 참여자가 하는 사업에 어떤 의미가 있는지, 어떻게 적용할 수 있는지를 묻는다. 수업 시간이 끝나면 진행자는 기도로 마무리하고 모임은 파한다. 각 참여자는 예배를 드리러 가거나 집으로 간다.

이제 이 성인 모임이 전형적인 어린이 사역 모임과 어떻게 다른지 생각해보자. 로렌스 리처즈(Lawrence O. Richards)와 게리 브레드펠트(Gary J. Bredfeldt)는 다음과 같이 묘사한다.

> 2-3세 아이들의 유아부 수업에 들어가 보면, 전혀 수업처럼 느껴지지 않을 것이다. 아이들은 수시로 돌아다니며 블록이나 인형을 갖고 놀거나 그림책을 본다. 방은 드넓다…잠시 머물면서 귀를 기울여 보라. 활동의 패턴을 보라. 교사들이 노는 아이들과 나누는 단순한 대화에 귀를 기울여보라. 한 시간쯤 머물면 간단한 성경 이야기가 다양한 시각 자료로 분명하게 전달되는 것을 볼 수 있다. 그다음 율동, 손유희, 연극, 간단한 종이접기 같은 더 많은 활동이 이어진다. 이 모든 활동은 학습 효과를 강화한다. 두 살이나 세 살 반은 수업처럼 보이지 않는다. 전혀 학습이 이루어지고 있는 것처럼 보이지 않는다. 하지

만 좋은 반에서는 분명 학습이 이루어진다.¹

성인반과 어린이반의 차이는 극명하다. 유아나 유치부 아이들이 가득한 방에서는 성경 구절의 논리나, 하다못해 수업 개요를 중심으로 구성되는 경우가 별로 없다. 수업은 주로 수업 시간표와 환경 자체를 중심으로 구성되는데, 이는 기본적인 루틴, 놀이나 음악, 성경 이야기, 게임, 공작을 위한 활동 센터들을 중심으로 구성된다는 뜻이다. 다시 말해, 어린이 사역의 수업은 '시간표'와 '공간'에 따라 이루어진다. 각 반이 루틴과 활동 센터들을 거치는 동안, 해당 성경 이야기의 모든 주제는 예배, 교육, 간식, 공작 등 수업 환경의 모든 측면에 통합된다.

경험을 통한 배움

아이들은 인지적으로 배울 능력을 기르기도 전에 이미 감정과 경험으로 배운다. 즉 교사의 표정, 본보기를 통해 그리고 활동과 게임을 통해 배운다.² 하나님은 아이들을 지으실 때 그들이 경험을 통해 배운다는 것을 아셨다. 이것이 하나님이 이스라엘 백성을 구원하고 율법을 주실 때 그것을 돌판에만 쓰지 않으신 이유다. 하나님은 "네 손의 기호와 네 미간의 표"와 같은 일련의 의식을 통해 그들과 소통하셨다(출 13:9). 이스라엘의 아이들은 유월절 희생의 피를 '보고'(12:25-27) 무교병을 '맛보며'(13:6-7) 하나님의 크신 구원을 '노래했다'(15:1). 하나님은 이스라엘의 아이들에게 율법과 말씀을 가르칠 때 강의실에서만 가르치라고 말씀하지 않으셨다. 그 대신 이렇게 말씀하셨다.

> 오늘 내가 네게 명하는 이 말씀을 너는 마음에 새기고 네 자녀에게 부지런히 가르치며 집에 앉았을 때에든지 길을 갈 때에든지 누워 있을 때에든지 일어날 때에든지 이 말씀을 강론할 것이며 너는 또 그것을 네 손목에 매어 기호를 삼으며 네 미간에 붙여 표로 삼고 또 네 집 문설주와 바깥문에 기록할지니라(신 6:6-9).

이 말씀 속에서 하나님은 이스라엘의 부모들에게 일상 속 다양한 배경에서 말과 시각적인 방법을 통해 그분의 명령을 전해주라고 지시하셨다. 우리도 그렇게 해야 한다. 성경의 메시지를 충실하게 전하도록 노력하면서도, 경험과 실습을 통한 유연한 학습법을 채택해야 한다.

이번 장에서는 그런 교육 방법 중 세월의 검증을 거친 한 방법을 소개하고자 한다. 이는 바로 훅북룩툭 방식(HBLT, Hook, Book, Look, Took, 이하 영문 표기)이다. 이것은 교실, 환경, 일정을 활용해, 네 가지 다른 학습 스타일을 모두 다룬다. 수업의 각 부분은 네 가지 학습 스타일 중 어느 한 방식에 해당하는 아이들이 던질 법한 질문을 던지면서 해당 진리를 가르친다.[3] HBLT 방식으로 하는 수업의 개요는 다음과 같다.

- Hook(주의 끌기): 훅(Hook) 활동은 수업 내용을 개괄적으로 소개하는 시간이다. 이것은 아이들의 감각을 자극하고 새로운 단어와 개념을 소개하도록 고안된 준비 활동이다. 수업의 이 부분은 아이들의 관심을 끌고 하나님 말씀을 위한 무대를 마련하기 위한 것이다. 또 이것은 '상상력을 발휘하는 학습 스타일'이다. 상상으로 배우는 아이들은 호기심이 많고 질문을 많이 던진다. 그들은 진리를 묵상하고 함께 진리에 관해 노래하거나 이야기하기를 좋아한다. 상상력이 풍부한 아이들은 자기 생각과 감정을 서로 나누면서 배운다. 그들은 세부적인 내용보다 큰 그림을 더 쉽게 본다. 수업의 이 부분에서는 아이들의 관심을 끌고, 핵심 요점을 개괄적으로 보여주며 '이것을 왜 알아야 하는가?'라는 질문에 답해주는 것이 중요하다.

- Book(실제 교육이 이루어지는 시간): 학령전 수업에서 때로 '스토리 서클(말씀을 전하는 강의실이나 예배실)'이라고 부르는 곳에서 이루어지는 북(Book) 시간은 주된 가르침의 시간이다. 교사들은 성경 본문의 이야기를 분명하고도 흥미롭게 전하며, 아이들과 쌍방향으로 상호 작용할 수 있도록 준비를 철저히 해야 한다. 성경 이야기의 진리를 아이들이 이해하고 즐길 수 있는 방식으로 설명해야 한다. 이 시간은 '분석적인 학습 스타일'의 아이들에게 맞는다. 분석적인 아이들은 사실을 알기를 원한다. 이런 아이들은 교사가 중요한 정보를 제공해주길 기대한다. 조용히 앉아서 모든 정보에

유심히 귀를 기울이고, 세부 사항에 호기심 어린 질문을 던진다. 이런 분석적 아이들에게 다가가기 위해 Book 시간에는 '무엇을 알아야 하는가?'라는 질문에 답해주어야 한다.

- Look(실제 삶에 연결해보기): 룩(Look) 시간을 성인 성경 공부 시간과 비교하자면, 성경을 배우고 난 뒤 적용점을 찾는 시간이라 할 수 있다. 하지만 아이들에게는 성경의 진리를 마음과 삶으로 가져오기 위한 창의적인 활동이 필요하다. 아이들이 Book 활동을 했던 곳에서 나와 다른 장소로 이동하는 편이 좋다. 몸을 움직이면 생각도 이동하기 마련이다. 블록을 쌓고 공작을 하며 게임도 하는 Look 활동은 '실용적인 학습 스타일'의 아이들에게 잘 맞는다. 이런 유형의 아이들은 적극적인 활동과 참여를 즐긴다. 또 문제를 해결하기 좋아한다. 심지어 무언가를 일부러 해체했다가 다시 구성하기도 한다. 실용적인 아이들은 개념을 갖고 놀면서 그것을 구체적이고 실용적인 것으로 바꾼다. 그래서 수업의 이 부분은 성경적인 진리가 실용적인 것, 실제 삶에 중요한 것이라는 점을 아이들이 보게 해준다. 이 시간에 '이 진리가 어떻게 통하는가?'라는 질문에 답해주는 것이 중요하다.

- Took(적극적으로 변화하라는 도전): 툭(Took) 시간은 Look 시간과 비슷하다. 둘 다 성경의 진리를 자기 삶에 적용하는 데 초점을 맞춘다. 단, Took 시간은 그리스도를 따르는 것이

【표 7.1】 세월의 검증을 거친 4단계 교육 방식

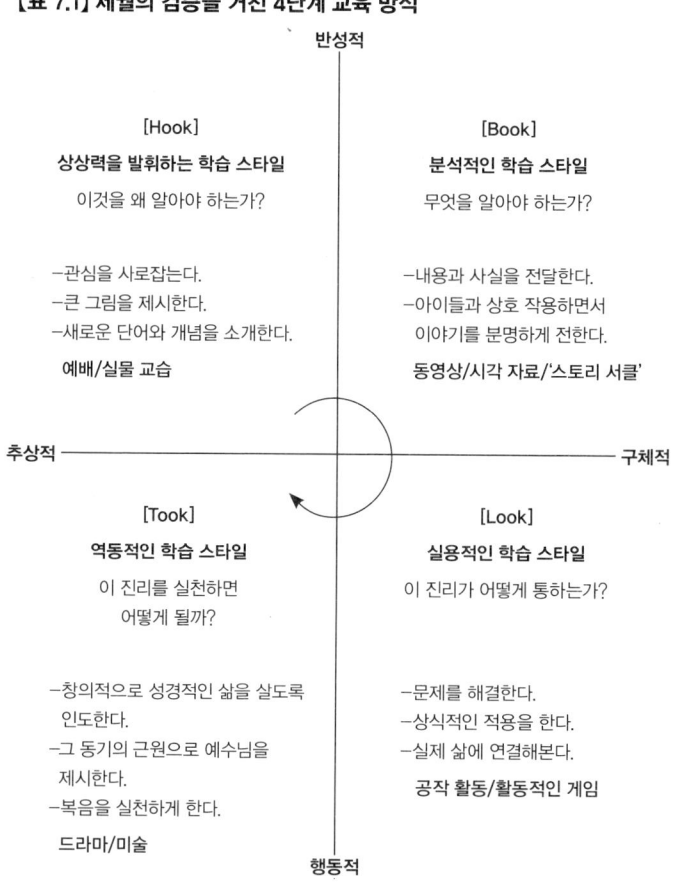

자기 삶과 세상에 미치는 영향을 상상하도록 도움으로써 아이들이 성경적 삶을 살도록 '동기를 유발하는' 데 초점을 맞춘다. 이 시간은 복음에서 얻을 수 있는 동기를 찾는 동시에, 복음을 적용할 방법을 찾는 시간이다. 이 시간은 '역동적인 학습 스타일'의 아이들에게 맞는다. 실용적인 아이들과 마찬가지로 역동적인 아이들은 활동 시간을 즐긴다. 단, 역동적인 아이들은 실용적인 해법을 찾는 대신, 드라마나 예술, 음악 같은 창의적인 활동에 두각을 드러낸다. 이들은 가능성을 보고, 직관적으로 새로운 방향으로 나아가며, 교사들이 유연성을 발휘할 때 두각을 나타내고, 자신만의 흔적을 남길 수 있는 새로운 프로젝트를 시작하기를 즐긴다. Took 시간에는 '이 진리를 실천하면 어떻게 될까?'라는 질문에 답해주는 것이 중요하다.

각 사분면에서, 아이마다 듣기(청각적), 보기(시각적), 행동(촉각적/운동 감각적)에 관한 취향도 다르다. 이런 취향(혹은 양상)은 우리가 정보를 받으려고 사용하는 감각적 통로다. 어떤 아이는 청각적 학습자. 그래서 듣기, 노래하기, 박수 치기, 희곡 읽기, 음악 듣기를 좋아한다. 그런가 하면 시각적 학습자도 있다. 그런 아이는 글이나 그림을 보면 더 잘 배운다. 또 그림 그리기, 색칠하기, 사진 찍기, 패턴이나 형태를 좋아한다. 몸을 움직여야 잘 배우는 아이도 있다. 그 아이는 육체적 활동이 포함된 방식을 즐긴다.[4] 네 가지 학습 스타일에 맞는 학습 시간을 진행할 때 아이들의 서로 다른 학습 양상을 다룰 수 있도록 활동도 다양하게 구성해야 한다.

수업 계획 세우기

아이들을 잘 가르치기 위한 첫 번째 단계는 제공된 학습 자료만이 아니라 성경 본문을 공부하는 것이다. 성경 구절을 파헤치는 것이 중요하다. 성경을 읽고, 스터디 바이블이나 주석서의 주해를 보고, 우리가 5장과 6장에서 탐구한 해석표를 작성해본다. 좋은 수업 계획은 성경 구절을 잘 파악하는 데서 시작한다.

나는 성경 구절을 공부한 뒤에는 【표 7.1】과 비슷한 HBLT 사분면을 그린다. 그리고서 표의 각 부분에 관해 깊이 고민하면서 가르칠 때 해볼 활동을 적어본다. 내가 사도행전 3장 1-10절에 나오는, 구걸하던 앉은뱅이에 관한 이야기를 수업 내용으로 준비한다면, 다음과 같은 과정을 거칠 것이다.

나면서부터 못 걸었던 남자는 매일 사람들의 도움으로 성전으로 옮겨졌고, 거기서 구걸을 했다. 하루는 베드로와 요한이 기도하러 성전에 가는데 이 남자가 돈을 구걸했다. 그러자 베드로는 남자에게 "우리를 보라"고 명령하고서 이렇게 말했다. "은과 금은 내게 없거니와 내게 있는 이것을 네게 주노니 나사렛 예수 그리스도의 이름으로 일어나 걸으라"(행 3:6). 그 즉시 남자의 다리가 나아서 강해졌다. 남자는 뛰면서 걸어 다녔다. 그가 하나님을 찬양하자 사람들이 그 찬양에 동참했.

이 구절을 읽고 핵심 진리를 이렇게 정리할 수 있다. '예수님은 돈보다 좋으신 분이다. 그래서 우리는 그분이 망가진 세상을 고치실 줄로 믿을 수 있다.' 사도행전 3장 1-10절에 관한 해석표는 **[표 7.2]**와 같을 것이다.

Hook: 주의 끌기

성경 구절을 공부하고 해석표를 완성한 뒤에는 미리 작성한 HBLT 수업 계획표에 따라 가르친다. 수업은 먼저 한두 가지의 Hook 활동으로 시작한다. 해당 구절의 핵심 진리를 뒷받침하며, 아이들의 나이대에 하나님과의 관계에서 해당 교훈이 왜 그토록 중요한지 그 '이유'를 알려주는 노래, 율동, 실물 교습 등을 진행한다.

사용하는 커리큘럼에 관심을 사로잡기 위한 활동이나 '이유'에 관한 질문에 분명하게 답해주는 활동이 없다면, 아이디어를 내 활동을 직접 구성해보는 것도 좋다. 예를 들어, 목발을 가져와서 못 걷는 사람의 처지가 되어보게 할 수 있다. 아니면 아이들에게 전에 목발을 사용해본 적이 있는지 물어보라. 그리고 그런 경험이 있는 아이에게 앞으로 나와 뼈가 부러지고 발목이 삔 경험에 관해 이야기해달라고 하라. 그런 다음 '이유'에 관해 다음과 같이 말하라.

> 사람들은 다쳤을 때 움직이기 위해 목발을 사용한단다. 이 세상에서는 많은 것이 망가져 있지. 망가진 장난감, 망가진 마음, 망가진 뼈…. 하지만 망가진 세상을 치유하기 위해 예수님이 오셨단다.

[표 7.2] 사도행전 3장 1-10절의 해석표

성경 구절: 사도행전 3장 1-10절

핵심 진리: 예수님은 돈보다 좋으신 분이다. 그래서 우리는 그분이 망가진 세상을 고치심을 통로 믿을 수 있다.

필요	하나님의 역사	복된 소식!	믿으라!
이 이야기에서 누구에게 복음이 필요한가?	이 이야기에서 하나님은 백성을 위해 무엇을 행하고 계시는가?	어떻게 하나님은 예수님 안에서 우리에게 이와 같은(더 좋은) 일을 행하시는가?	이 복된 소식을 믿으면 우리 삶의 방식이 어떻게 변할까?
-날 때부터 태어난 걷지 못할 수 있었다. -다리를 쓸 수 없어서 이동할 수 없었다. -사람들은 그가 매일 구걸할 수 있도록 성전으로 데려갔다.	-하나님은 날 때부터 걷지 못하게 된 사람을 드디어는 베드로와 요한을 성전으로 보내셨다. -베드로와 요한은 예수님의 이름으로 남자를 치유했다. -남자가 다리와 발목이 강해졌다. -남자는 뛰고 걸으며 주변을 걸어다니며 예수님을 찬양했다.	-우리 모든이는 죄에 빠진 상태로 태어난다. 우리는 하나님 나라에 들어갈 수 없다. 하나님 앞에 나아갈 수 없다. -우리 영혼의 치유과 구원하기 위해 성자님이 다시 나타나야 한다. -예수님은 도와 달라. 예수님은 완전한 치유를 주셨다. 예수님은 구원을 통해 삶을 바꾸셨다.	-예수님이 들으실 도와 주실하시며, 망가진 우리 세상을 고칠 수 있다고 믿어야 한다. 하나님도 믿고 영원한다. -부활 하지 않고 날은 우리 최이성을 예수님이 치유와 우리 세상을 고쳐주실 것을 믿어야 한다. -예수님 그분으로 이끌어 가도록 그분께 대한 보이는다.

수업의 한 부분에서 다음 부분으로 넘어갈 때는 이런 식으로 핵심 요점을 강조해야 한다.

Book: 실제 교육이 이루어지는 시간

성경 이야기를 해주는 것이 어린이 사역의 핵심이다. 우리의 목표는 아이들이 예수님을 보도록 도와주는 것이며, 성경은 우리가 그분에 관해서 가르칠 때 능력과 권위가 나오는 근원이다(딤후 3:16-17). 현재 많은 교회가 인쇄물 교재에서 디지털 커리큘럼으로 넘어갔다. 지난 몇 년 사이에 우리 교회의 어린이 사역 교사들이 수업 시간에 휴대전화나 아이패드로 성경 이야기를 전해주기 시작했다. 새로운 기술을 사용하는 것은 주의를 집중시키기 위한 한 방법이지만, 오히려 방해 요소가 될 때도 있다. 나에게 구식이라고 해도 좋다. 하지만 나는 아이들에게 가르칠 때는 주로 휴대전화를 끄는 편이다. 그 대신 실물 성경책을 사용한다. 이왕이면 크게 '성경'이라고 쓰인 큼지막한 검은 가죽 성경책이 좋다. 아이들은 구체적인 사고를 한다. 따라서 하나님이 우리에게 말씀하려고 사용하시는 물리적 도구를 보는 것이 아이들에게 도움이 되리라고 생각한다.

이야기를 전하기 전에 성경의 권위와 중요성을 상기시키면서 말씀을 소개한다.

> 우리는 하나님의 거룩한 말씀인 성경에서 배운단다. 산을 오르는 등반가가 바로 앞을 비춰보려고 손전등을 사용하는 것처럼 우리도

성경을 사용하지. 성경은 손전등처럼 우리가 어디로 가야 할지를 보여준단다. 이제 성경 이야기를 들어보자.

성경 구절을 배경이나 이전 수업과 연결하면서 소개할 수도 있다. 앉은뱅이에 관한 말씀을 가르칠 때는 이렇게 말할 수 있다.

오늘의 수업은 신약 성경 다섯 번째 책의 내용이란다. 처음 다섯 개 책의 이름을 한번 말해보자. 마태복음, 마가복음, 누가복음, 요한복음 그리고 사도행전이지!

초등학생에게는 이야기가 성경 전체 내러티브의 다른 이야기들과 어떻게 연결되는지 보여주면 좋다.[5] 다음과 같이 말하면서 앉은뱅이의 이야기를 소개할 수 있다.

예수님이 죽었다가 살아나셔서 하나님 아버지께로 올라가신 뒤에 성령님이 오셔서 예루살렘의 제자들에게 능력을 부어주셨단다. 제자들은 모든 사람에게 하나님에 관해서 가르치고 많은 기적을 행했지. 그 기적 중 하나에 관한 이번 이야기를 들어봐.

본문 말씀 이야기의 배경을 소개한 뒤에는 본문의 내러티브를 이야기해줄 차례다. 어린이 사역 커리큘럼 자료에는 보통 연령대에 맞는 단어와 문장 구조를 사용한 성경 이야기 인쇄물이 포함되어 있다.[6] 커리큘럼에 그런 이야기가 포함되어 있지 않다면, 아이들에게 적합한 언어로 성경 이야기를 전해주는 성경 이야기책을 구비해도 좋다. 내가 추천하고 싶은 성경 이야기책은 초등학교 3-4학년 아이들을 위한 캐서린 보스(Catherine Vos)의 『이야기 성경』(주니어지평 역간), 초등학교 1-2학년과 유치부를 위한 릭 워렌(Rick Warren)의 『나를 위한 하나님의 놀라운 계획』, 길버트 비어즈(V. Gilbert Beers)의 『어린이를 위한 한그림 성경』(이상 디모데 역간), 샐리 로이드 존스(Sally Lloyd-Jones)의 『스토리 바이블』(두란노 역간) 그리고 학령전을 위한 내 책, 『어린이를 위한 가스펠 스토리 바이블』(The Beginner's Gospel Story Bible) 등이 있다.[7]

아이들은 표정과 상호 작용을 통해서도 배운다. 따라서 아이들에게 성경 이야기를 보지 않고 읽어줄 수 있도록 평소에 자주 읽어두라. 성경 이야기 자체를 해주는 것은 곧 성경 이야기의 내용을 전해주는 것이다. 이야기 속의 갈등, 클라이맥스, 해결을 파악하고, 해석표의 네 칸도 기억하라. 이야기책의 삽화나 커리큘럼에서 제공하는 시각 자료도 미리 봐둔다. 아이들이 집중할 수 있는 시간은 나이당 1분 정도로 매우 짧다. 특히 유아의 주의 집중 시간은 3-7분밖에 되지 않는다. 그 귀한 시간을 최대한 활용하도록 잘 준비하라![8]

좀 더 큰 아이들을 가르칠 때 나는 자신의 성경책을 가지고 와서 본문을 공부할 때 따라 읽게 한다. 때로는 큰 소리로 읽게 한다. 연령대와 상관없이 한두 가지 정해진 반응을 보이는 게 좋다. 우리 교사 중 한 명은 다니엘과 느부갓네살에 관해서 가르칠 때 바벨론인을 언급할 때마다 "나쁜 악당들"이라는 표현을 쓰기도 했다. 사도행전 3장의 앉은뱅이 이야기를 가르칠 때 자주 나오는 단어의 운율을 맞춰서 반복해서 말하는 것도 좋다. 예를 들면, 'ㄱ'으로 시작하는 세 단어, '구걸, 금, 걷다'를 반복하면 줄거리를 기억하는 데 도움이 된다.[9] 이야기를 전하는 내내 '예수님은 돈보다 좋다'는 핵심 진리를 요약해서 반복적으로 말해주고, 기억에 잘 남도록 손동작을 더하라.

수업하는 동안 아이들이 이해하기 어려운 말을 사용하지 않도록 조심하라. 어리거나 교회에 처음 온 아이들은 성경 용어를 잘 이해하지 못할 수 있으니 단어를 분명하게 정의해주어야 한다. 어린이가 사용하는 언어로 잘 풀어낸 『뉴시티 교리문답 키즈』(The New City Catechism for Kids, 죠이북스 역간)를 참고하면, 아이들에게 복잡한 개념을 가르칠 때 사용할 수 있는 쉽고 간단한 정의를 알 수 있다.[10] 예를 들어, "기도 시간에 베드로와 요한이 성전에 올라갈새"라는 대목에서는 '기도'를 정의해줄 필요가 있다("기도는 하나님께 우리의 마음을 쏟아내는 것이란다"). 특히 다음 단계인 Look과 그다음 단계인 Took에서 적용으로 기도를 강조하기 위해 지금 Book 단계에서 정의를 잘하는 것이 중요하다.

이야기를 전한 뒤에는 아이들이 진리를 확실히 이해하도록 복습할 수 있는 질문을 던지는 게 좋다. 유치부에서는 말씀을 듣는 예배실(스토리 클럽)에서 분반 공부 장소로 옮길 때 간단한 간식을 주면서 복습하는 것이 도움이 된다. 내 경험상 간식을 먹고 화장실에 다녀오는 잠깐의 휴식 시간이 핵심 진리를 복습하고 외우기에 딱 좋다.

Look: 실제 삶에 연결해보기

Book 시간 후에는 공작과 활동적인 게임을 통해 성경 이야기를 실제 삶에 연결해본다. 이 시간은 아이들이 몸 전체를 사용해 학습에 참여할 기회다. 앉은뱅이 남자에 관한 말씀에 어울리는 활동은 친구 나르기 릴레이 경기가 있다. 경기 후에는 아이들이 그 활동과 이야기의 연결성을 보고, 핵심 진리를 각자의 삶에 어떻게 적용할지 고민하게 한다. 다음과 같이 말할 수 있다.

> 오늘 우리는 다리가 아픈 남자에 관해서 배웠어. 너희가 어디를 가든 친구의 도움을 받아야 한다면 어떨까? 이 남자의 친구들은 그가 성전에서 구걸할 수 있도록 매일 옮겨주었어. 하지만 결국 이 남자는 예수님이 돈보다 좋다는 사실을 깨달았단다. 예수님이 남자를 말끔히 치료해주셨거든. 예수님은 돈보다 좋고 능력 있으신 분이어서, 우리는 예수님이 망가진 우리 세상을 고쳐주실 거라고 믿을 수 있어.

모든 Look 활동은 성경 이야기의 핵심 진리와 연결되어 아이들이 상식적인 적용에 관해 생각하거나 말하거나 실천할 수 있게 해야 한다. 이런 식으로 이 활동은 '어떻게'라는 질문에 답해준다. 초등학생 아이들을 가르칠 때 사도행전 3장 교훈을 새기도록 다음과 같은 활동을 해볼 수 있다.

첫째, 아이들을 그룹으로 나누고 각 그룹에 광고 우편물이나 소매점 카탈로그를 주라. 그다음 각 그룹에 적정 액수의 보드게임 지폐를 주고 나서 어떤 품목을 사고 싶은지 고르게 한다. 액수는 아이들에게 꽤 크게 느껴지지만, 광고에 나오는 품목 몇 개만 살 수 있을 정도로는 적어야 한다. 각 그룹이 쇼핑 목록을 만든 뒤에는 아이들이 예산을 짜면서 어떤 경험을 했는지를 나누라.

> 돈은 금방 떨어지지 않니? 어떤 사람들은 돈만 많으면 굶주림이나 질병 같은, 이 망가진 세상의 문제들을 해결할 수 있다고 생각해. 하지만 이 세상 문제를 해결할 만큼 돈이 충분하지는 않지. 그러니까 우리는 돈을 믿지 말고 예수님이 우리 세상을 치유해주실 거라고 믿어야 해.

유치부 아이들에게는 간단한 공작 활동이 좋은 Look 활동이 될 수 있다. 아이들에게는 모든 공작 활동이 큰 도움이 된다. 공작 활동을 통해 아이들은 수업 시간에 배운 것을 표현하고, 부모들은 아이들이 수업 시간에 무엇을 배웠는지 알 수 있다. 아이들이 기억했으면 하는 것을 간단명료한 메시지로 요약해서 공작 활동에 넣으면, 아이들이 배운 것을 꾸준히 적용하는 데 도움이 된다.[11] 사도행전 3장의 수업에서는 초록색 크레용, 하늘색 두꺼운 종이에서 오린 지름이 10센티미터인 원을 아이들에게 나눠준다. 아이들은 이 원 위에 초록색 '대륙들'을 그려 세계 지도를 만든다. 그런 다음, 아이들에게 반창고를 나눠주고 지도에 붙이게 한다. 그렇게 만든 '반창고를 붙인 세계' 지도 위에 "예수님이 망가진 우리 세상을 치유하신다"라고 쓰라.

Took: 적극적으로 변화하라는 도전

이 수업 계획의 마지막은 Took 시간이다. 앞서 말했듯이 Took은 Look과 비슷하다. 둘 다 성경 진리를 삶에 적용하게 하는 데 초점을 맞추기 때문이다. 하지만 조금 다르다. Took 시간은 아이들이 성경적 삶을 살도록 '동기 유발'을 하고, 그리스도를 따르면 자기 삶과 세상이 어떻게 변할지 상상하도록 돕는다는 점에서 다르다. 이런 식으로 이 시간은 '어떻게 될까?'라는 질문에 답해준다. Book 시간에 이 교훈이 왜 복된 소식인지 이해하지 못했더라도, Took 시간을 거치며 더 분명하게 핵심 진리를 이해하게 된다. 예를 들어, 십계명이 나오는 성경 구절에서는 성경의 명령('이것을 하라!')을 강조한다. 이런 구절을 Took 시간에 가르칠 때는 순종이 성령의 능력에서 나온다는 점을 강조한다. 마찬가지로 이 장에서 계속 살펴본 사도행전 3장은 하나님이 우리를 위해 해주신 일을 강조한다. 이 경우에는 Took 시간에 하나님 은혜의 역사를 축하하고, 이 구절을 삶에 적용하는 활동을 한다.

사도행전 3장의 수업 계획에서([표 7.3]) 나는 왼쪽 아래의 Took 면에 "기도와 찬양 돼지 저금통"이라고 썼다. 이 활동을 통해 나는 아이들에게 기도에 관해 가르치려고 했다. 아이들에게 하나님께 요청하고 싶은 점이나 감사하고 싶은 점을 하나씩 종이에 쓰게 한다. 그리고 친구들 앞에서 그 제목을 나누도록 격려한 다음, "기도와 찬양"이라고 써서 붙인 플라스틱 돼지 저금통에 종이를 넣게 한다. 활동이 끝나면 다음과 같이 말한다.

【표 7.3】 사도행전 3장 1-10절을 위한 수업 계획표

[Hook] 상상력을 발휘하는 학습 스타일 이것을 왜 알아야 하는가? 목발 실물 교습: 우리는 '망가짐'을 경험하지만, 예수님은 망가진 우리 세상을 치유해주신다.	[Book] 분석적인 학습 스타일 무엇을 알아야 하는가? 신약의 다섯 번째 책 "기도 시간에 베드로와 요한이 성전에 올라갈새"(1절). 기도는 우리의 마음을 하나님께 쏟아내는 것이다. '구걸, 금, 걷다'
[Took] 역동적인 학습 스타일 이 진리를 실천하면 어떻게 될까? 기도와 찬양 돼지 저금통: 매일 예수님의 이름으로 기도함으로써 그분을 믿을 수 있다.	[Look] 실용적인 학습 스타일 이 진리가 어떻게 통하는가? 친구 나르기 릴레이 경기: 우리가 어디를 가든 친구들이 옮겨줘야 한다면 어떨까? 예산 활동: 돈은 떨어지지만, 예수님은 돈보다 나으시다.

사람들은 자기 돈을 은행에 안전하게 보관하고 싶어 해. 하지만 예수님이 돈보다 좋으시지! 예수님은 앉은뱅이 남자의 구걸을 찬양으로 바꾸셨어. 우리는 매일 예수님의 이름으로 기도해야 해. 그렇게 하는 것이 예수님을 믿는 거야. 기도는 하나님께 우리의 마음을 쏟아

내는 거야. 기도할 때는 하나님께 도움을 구하고 감사하다고 말씀드려야 한단다.

교회에서 주기적으로 아이들을 가르친다면, 어린이 사역 커리큘럼에서 흔히 볼 수 있는 색칠 공부나 공작 활동이 내 수업 계획에서 빠져 있다는 것을 눈치챘을지도 모르겠다. 그런 활동도 도움이 되기는 하지만, 나는 계획에 없는 여유 시간이 났을 때 그것을 활용하는 편이다. 혹은 예정보다 일찍 온 아이나 적용 활동을 빨리 끝낸 아이에게 색칠 공부를 할 종이를 나눠준다. 스테파니 카마이클(Stephanie Carmichael)은 이런 말을 했다. "공작용 종이를 계속 사용하면 교사들은 고착화하고 아이들은 지루해한다."[12] 내 목표는 이런 추가 자료를 늘 준비하되 이것들 없이 HBLT 과정을 다 마치는 것이다. 명심하라. 우리의 목표는 커리큘럼에 있는 모든 활동을 다 하는 것이 아니다. 진정한 목표는 아이들이 하나님 말씀을 배우고 실천과 경험을 통해 그리스도를 보게 되는 것이다.

교육적, 관계적 목표가 있는 창의적 경험

신학생들에게 아동 친화적이고 참여적인 게임을 고안하는 법을 가르칠 때 한 학생이 이런 반대 의견을 내놨다. "이건 마치 어린이 TV 만화영화 채널처럼 들리네요. 아이들을 계속 재미있게만 해주라는 말인가요?" 좋은 질문이었다. 실제로 내가 설명한 게임에는 슬라임이 포함되어 있었다. 때로 아이들의 활동에는 재미를 주는 요소가 가미된다. 하지만 그 학생의 질문에 관해 충분히 고민한 지금은, 이것이 만화영화 채널보다는 어린이 교육 방송 채널에 더 가깝다고 말할 수 있다. 언제나 재미를 넘어 더 큰 교훈을 염두에 두기 때문이다. 어린이 박물관의 참여형 전시나 어린이 방송인 〈세서미 스트리트〉에 나오는 극처럼 어린이 사역은 아이들에게 경험을 선사하지만, 이는 어디까지나 교육적, 관계적 목적을 지닌 경험이다. 샌프란시스코 시티즌스 교회의 목사 데이브 에인스워스(Dave Ainsworth)는 이렇게 말했다. "어린이 사역을 잘하면, 아이들이 삶에 실천하고 참여하며 적용할 수 있는 발견을 하게 되어, 예수님에 관해 잘 배울 수 있다."[13]

아이들을 예수님께 인도한다는 것이 무슨 의미인지를 잘 정리해준 표현이다. 하지만 아직 우리는 어린이 제자 훈련을 위한 전략적 계획을 겨우 절반밖에 다루지 않았다. 환영하는 환경을 조성하고, 상호적이고 복음 중심적인 성경 수업을 했다면 이제 가정에서 자녀를 제자로 잘 훈련하도록 어떻게 곁에서 도와줄 수 있을까? 다음 4부에서는 아이들이 복음 중심의 정체성을 기르도록 도울 방안을 탐구해보자.

【3부 돌아보기】
아이들을 그리스도께로 인도하라

아래에 나오는 적용을 위한 질문을 보십시오. 질문에 답하면서 당신의 가르침에 관해서 한번 돌아보십시오.

사역에 적용하기 위한 질문

1.

5장에 나오는, 성경 이야기를 전하는 세 가지 방식(본보기 교훈, 하나님 중심 교훈, 복음 중심의 교훈)을 다시 보십시오. 설교를 준비할 때 주로 어떤 유형에 끌립니까?

2.

다음 성경 구절을 한 번에 쭉 큰 소리로 읽어보십시오. 그리고 각 구절에 대한 해석표(154페이지 해석표 참고)를 작성해봅니다. 각 질문에 답하면서 표의 빈 부분을 채워봅니다. 여유를 갖고 천천히 하십시오. 깊이 생각하고 묵상하려면 시간이 필요합니다. 각 질문에 답한 뒤에는 핵심 진리를 기억하기 좋게 정리하십시오. 그리고서 교사 그룹의 활동 교재로 이 책을 활용하고 있다면, 각자 쓴 내용을 나누고 함께 토론합니다.

민수기 21장 4-9절, 마태복음 1장 18-24절
열왕기상 10장 1-13절, 마가복음 4장 36-41절
역대하 33장 1-20절, 요한계시록 4장 1절-5장 14절

- **필요:** '이 이야기에서 누구에게 복음이 필요한가?'

- **하나님의 역사:** '이 이야기에서 하나님은 백성을 위해 무엇을 행하고 계시는가?' 신약 이야기라면 이렇게 물을 수 있습니다. '이 이야기는 예수님이 누구신지 혹은 예수님이 무엇을 행하셨는지에 관해 무엇을 가르쳐주는가?'

- **복된 소식!:** '어떻게 하나님은 예수님 안에서 우리에게 이와 같은(더 좋은) 일을 행하시는가?' 신약 이야기에서는 이렇게 물을 수 있습니다. '이 이야기는 예수님이 그 어떤 것보다 좋다는 것을 어떻게 보여주고 있는가?'

- **믿으라!:** '이 복된 소식을 믿으면 우리 삶의 방식이 어떻게 변할까?'

3.

위의 성경 구절 중 하나를 고른 뒤, 155페이지에 나오는 수업 계획표를 작성해보십시오. 수업 계획을 작성한 뒤에는 다음 질문으로 평가해보십시오.

- **Hook:** 흥미로운가? 활동이나 실물 교습이 반 규모에 어울리는가? 수업의 요점에서 벗어나 있는가? 아니면 요점을 뒷받침해주는가? Book 부분으로 명료하고 매끄럽게 전환되는가?

- **Book:** 아이들이 성경 공부를 통해 핵심 줄거리의 흐름을 볼 수 있도록 잘 준비했는가? 어려운 개념이나 단어를 연령대에 맞는 언어로 설명하고 정의해줄 준비가 되었는가? 아이들의 관심을 붙잡아두기 위한 시각 자료나 질문, 정해진 반응을 생각해두었는가? 아이들을 가르치면서 요점을 반복해서 말해주는가? 아이들이 이 이야기가 어떻게 예수님을 가리키는지 분명히 알고서 수업을 마칠 수 있을까?

- **Look:** 이 수업에서 아이들이 어떤 반응을 보여야 할까? 아이들이 이 진리를 어떻게 적용할 수 있을까? 아이들의 머리와 가슴, 손을 동원한 공작, 실천적인 활동, 활동적인 게임으로 이런 적용 부분을 강화하고 있는가?

- **Took:** 이 수업에서의 활동은, 아이들이 그리스도를 따르면 자기 삶과 세상이 어떻게 달라질지 상상하는 데 도움이 되는가? 또 복음에서 발견한 동기를 되짚어주고, 복음의 의미를 전함으로써 은혜로 말미암아 순종하도록 영향을 주는가?

더 깊은 연구를 위한 참고 자료

Stephanie Carmichael, *Their God Is So Big: Teaching Sunday School to Young Children* (Kingsford, NSW, Australia: Matthias Media, 2000).

Jack Klumpenhower, *Show Them Jesus: Teaching the Gospel to Kids* (Greensboro: New Growth, 2014), 『주일학교에서 오직 복음을 전하라』(새물결플러스 역간).

Marlene D. LeFever, *Learning Styles: Reaching Everyone God Gave You to Teach* (Colorado Springs: NexGen, 2004), 『아이의 자신감을 높여주는 맞춤 학습법』(DCTY 역간).

Lawrence O. Richards, Gary J. Bredfeldt, *Creative Bible Teaching*, 개정확대판 (Chicago: Moody Press, 1998), 『창조적 성경 교수법』(그리심 역간).

[해석표]

성경 구절: 때문에… (복음의 진술을 쓰라)

나는 할 수 있다… (믿음의 진술을 쓰라)

핵심 진리:

필요	**하나님의 역사**	**복된 소식!**	**믿으라!**
이 이야기에서 누구에게 복음이 필요한가?	이 이야기에서 하나님은 백성을 위해 무엇을 행하고 계시는가?	어떻게 하나님은 예수님 안에서 우리에게 이와 같은(더 좋은) 일을 행하시는가?	이 복된 소식을 믿으면 우리 삶의 방식이 어떻게 변할까?

【수업 계획표】

[Hook]
상상력을 발휘하는 학습 스타일
이것을 왜 알아야 하는가?

[Book]
분석적인 학습 스타일
무엇을 알아야 하는가?

[Took]
역동적인 학습 스타일
이 진리를 실천하면
어떻게 될까?

[Look]
실용적인 학습 스타일
이 진리가 어떻게 통하는가?

4부

아이들, 그 가족들과 함께 자라나라

[8장]

점진적인 성장

아이들이 자라면서 복음을 받아들이도록 돕기

내가 섬기던 교회의 4학년 반에서 언약궤와 장막을 공부하고 있었다. 몇 주간 우리는 장막의 가구들과 여러 제사에 관해 자세히 파헤치고 있었다. 그런데 우리 교사들이 수업에 대해 불평했다. 사실, 리더로서 나도 힘들었다. 제사 시스템처럼 신학적으로 복잡하고 무시무시한 것을 가르치는 게 초등학생들에게 무슨 도움이 될까? 솔직히 피를 흘리는 제사 시스템은 예수님의 죽음으로 끝나지 않았는가.

우리가 이스라엘 백성이 제사를 통해 용서받고 하나님께 나아갈 수 있게 된 이야기를 가르치는데, 한 학생(여기서는 '사라'라고 부르자)이 이렇게 말했다. "지금도 그렇게 했으면 좋겠어요!" 우리는 충격을 받았다. '커리큘럼을 빨리 바꿔야 하나'라는 생각이 들었다. 우리는 성경이 연령대에 상관없이 통한다고 믿고서 아이들을 가르친다. 하지만 성경이 모든 연령대에 똑같은 방식으로 통하지는 않는다. 내가 이 옛 텍스트를 어린 학생들에게 제대로 가르쳤는지 의심스러웠다.

사라의 이야기는 어린이 사역에 관한 중요한 사실 한 가지를 잘 보여준다. 우리는 아이들에게 흥미롭고 그리스도 중심적인 교훈을 제시해야 하지만, 동시에 '발달 단계에 맞는' 방식을 사용해야 한다. 이번 장에서는 이 중요한 문제를 생각해보도록 신생아부터 10세까지 초기 아동 발달을 개괄적으로 살펴보고자 한다. 이 시기를 영아, 유아, 유치, 초등 저학년 이렇게 4단계로 나누어 살필 것이다. 각 단계에서 인지적, 관계적 발달이 아이의 영적 삶에 어떻게 영향을 미치는지, 우리 어린이 사역 환경을 어떻게 조성해야 할지, 각 단계에서 부모나 보호자를 어떻게 격려하면 좋을지를 탐구할 것이다.

영아(출생-24개월):
신뢰하는 법을 배운다

잠깐이라도 아이들을 돌본 적이 있다면 아마도 어린 시절에는 변화가 급속도로 진행된다는 사실을 눈치챌 것이다. 특히 작은 아기는 하루하루가 다르다. 이 단계 초기에 아이는 손가락을 빨고 보호자의 표정을 따라 한다. 3개월쯤 지나면 아이는 좀 더 환경을 관찰하며 인지하기 시작한다. 부드러운 물건을 만지거나 장난감을 꽉 쥔다. 아이는 자랄수록 점점 더 사물에 관심을 가지고 주변 환경을 탐구하기 시작한다. 8-9개월쯤 되면 아이는 심리학자들이 말하는 '대상 영속성'(object permanence)이라는 능력이 생긴다. 이때 아이는 눈에 보이지 않은 숨겨진 물건을 찾아 두리번거리기 시작한다.[1]

또한 아이는 계속해서 봐오던 표현을 흉내 내기 시작한다. 예를 들어, 손을 흔들어 인사한다. 두 살이 되기 전에 아이는 머릿속으로 간단한 연결을 할 수 있다. '양동이를 내려놓아야 장난감을 집을 수 있구나!' 가상 놀이도 시작한다. 예를 들어, 아이는 인형을 흔들어 재우는 흉내를 낸다. 또한 물체를 있는 그대로만 보지 않고, 그것이 어떻게 변할 수 있는지를 보기 시작한다. 예를 들어, 장난감 블록을 집어 전화기처럼 얼굴에 갖다 댄다.[2]

우리는 이 기간에 아이들이 자라서 새로운 능력을 보여주면 흥분한다. 하지만 이 단계의 아이들이 배우는 방식을 놓치기가 쉽다. 이 단계의 아이들은 주로 논리적 틀이 아닌 정서적 틀로 삶을 바라본다. 이 단계의 아이들에게 가장 필요한 것은 사랑과 관심과 돌봄이다. 캐린 헨리(Karyn Henley)는 이렇게 말한다. "우리는 아이가 배고파하면 먹여준다. 아이가 추워하면 담요를 덮어준다. 기저귀가 축축해지면 깨끗한 기저귀로 갈아준다. 아이는 우리가 도와줄 줄 믿는 법을 배워간다."[3]

이 단계의 아이들은 돌봄을 받으면서 일시적인 불편을 겪더

> **【영아】**[4]
> - 사람의 얼굴과 목소리, 특히 주된 보호자를 인식한다(1–4주).
> - 주된 보호자에게 애착을 보이기 시작한다(1–3개월).
> - 오감을 사용하여 세상을 탐구하고 자기 환경을 파악한다(1–3개월).
> - 까꿍 놀이 같은 놀이를 한다(3–4개월).
> - 머리와 목을 지탱하는 것(약 3개월)과 간단한 눈과 손의 협응(4–5개월) 같은 운동 기능을 보인다.
> - 대상 영속성, 즉 대상이 눈에 보이지 않아도 여전히 존재한다는 것을 이해하는 능력을 보인다(8–9개월).
> - 루틴을 인식하고 낯가림을 시작하는 등 기억력이 발달한다(8–10개월).
> - 손을 흔들어 인사하는 식으로 보호자를 흉내 내면서 배운다(10–12개월).
> - 더듬거리며 말하고(4–6개월) 처음 단어를 말하는 법을 배운다(9–12개월).
> - 기어 다니기 시작하다가 걷는다(7–14개월).
> - 가상 놀이를 하기 시작한다(12–18개월).

라도 자신을 돌봐주는 존재가 있기에 곧 괜찮아지리라는 사실을 배운다. 이 단계에는 주된 보호자가 언제라도 필요를 채워주는 신뢰성을 보여주는 것이 중요하다. 보호자가 일관되게 필요를 채워주지 않으면 아이는 남들을 불신하는 법을 배운다. 보호자가 일관되게 신뢰성을 보여주면 아이는 안정된 사람으로 자라갈 수 있다. 사실, 발달상의 문제점은 아이가 아주 어릴 적 세상을 안전한 곳으로 보지 않게 된 것으로 거슬러 올라갈 수 있다.[5]

하나님이 아버지로서 백성을 돌봐주시는 것처럼, 그분은 부모가 어린 자녀를 일관된 사랑으로 돌보도록 가정을 설계하셨다. 하나님이 우리의 첫 부모를 어떻게 완벽하게 사랑하고 돌보셨는지를 생각해보라. 하나님은 아담에게 필요한 모든 것을 주셨다. 예를 들어, 살 곳(창 2:8), 음식(1:29; 2:9), 물(2:10-14), 책임(1:28; 2:15), 안전한 경계(2:16-17)를 주시고, 동행(2:18, 21-25)해주시기까지 했다. 하나님은 모든 자녀가 태어날 때부터 이와 똑같은 친밀함과 사랑을 보여주신다(시 139:13-18).

부모와 교회의 돌봄 교사들은 어떻게 어린아이들에게 하나님이 우리에게 하시는 것과 같은 믿을 만한 돌봄을 보여줄 수 있을까? 어떻게 이들에게 신뢰하는 법을 가르쳐줄 수 있을까? 두 가지 방법을 추천하고 싶다.

- **돌봐주라**: 하나님의 사랑과 돌봄이 변함없다고 믿을 수 있는 능력은 생후 10개월 이전에 발달한다. 따라서 보호자는 적절한 육체적 접촉, 눈 맞춤, 관심 집중, 예측할 수 있는 루틴으로 변함없는 애정을 보여주어야 한다. 사역 환경에서도 일관된 돌봄의 환경이 중요하다. 잔잔한 음악과 조명 같은 소소한 요소가 교회 탁아방을 좀 더 따스한 공간으로 꾸며줄 수 있지만, 무엇보다도 차분하고 밝고 부드러운 사람들이 그곳을 이끄는 것이 중요하다.

- **믿음의 씨앗을 뿌리라**: 부모와 탁아방 교사들이 간단하면서도 의도적인 방식으로 아기들에게 하나님을 전해주어야 한다. 아기는 "예수님은 너를 사랑하신단다" 혹은 "하나님이 이 작은 발가락을 지으셨어"와 같은 말을 이해할 수는 없지만, 우리가 간단한 진리를 말해주거나 노래를 해줄 때 나타날 수 있는 하나님의 역사를 과소평가하지는 말아

야 한다. 그러니 아기에게 자주 "내가 너를 돌봐주는 것은 하나님이 너를 돌봐주시기 때문이야" 혹은 "내가 너를 사랑하는 것은 예수님이 너를 사랑하시기 때문이야"와 같은 말을 해주라.[6]

유아(2-3세):
기쁨과 자신감이 자란다

유아와 숨바꼭질을 해본 적이 있는가? 우리가 "가서 숨어!"라고 말하면 두 살배기는 재빨리 눈을 감고 손으로 얼굴을 가린다. 아이는 우리를 볼 수 없기 때문에 우리도 자신을 보지 못한다고 생각한다.

유아기의 아이들은 자기 의지 갖기 시작한다. 18개월 정도 되면, 단어, 숫자, 장난감을 사용해 커뮤니케이션한다. 개 사진, '개'라고 쓴 글자, "개"라고 말하는 것도 다 개를 지칭한다는 것을 이해한다. 하지만 유아들은 단순히 새로운 단어를 배우고, 서로 다른 상징이 같은 개념을 의미할 수 있다는 점만 이해하는 게 아니다. 유아는 창의적 놀이로 상징을 조작할 줄 안다. 좀 더 나이가 많은 유아는 블록을 들고 전화기인 듯이 행동하지만, 세 살배기는 장기판 세트가 쿠키 접시인 것처럼 행동한다. 이것은 아이가 세상 속에서 자신과 자기 자리를 이해해가기 때문이다. 사물에 이름을 붙이는 행동("이 장기 알은 쿠키야")은 곧 이렇게 말하는 셈이다. "어떤 상황인지 알아. 내가 해낼 수 있어."

유아들은 적절하게 발달하는 동안 새로운 기술을 많이 배우고, 뭐든 스스로 하기를 원한다. 헨리는 이렇게 말한다. "어른들은 아이가 스스로 해낼 수 있는 것들을 찾아야 한다. 아이가 할 수 있는 것들을 보여주라. 양치, 세수, 장난감 집기, 찍찍이 신발 신기 같은 많은 것이 있다."7 아이들은 이런 작은 일을 스스로 하는 법을 배우며 자랑스러움을 느낀다. "봐, 내가 이걸 했어!"

유아기 아이들은 개인으로서 자라는 데 너무 초점을 맞춘 나머지, 상대방의 입장을 잘 헤아리지 못한다. 이것이 숨바꼭질 놀이가 그토록 우스운 이유다. 유아들은 심리학자들이 말하는 '자기중심적인'(egocentric) 모습을 보인다. 이것이 꼭 이기적이라는 뜻은 아니다. 물론 아이들은 죄인이기 때문에 이기적인 모습도 보이기는 하지만 말이다. 그러나 우리는 유아의 자기중심적인 모습을 발달적인 관점에서 봐야 한다. 유아는 아직 상황을 다른 사람의 처지에서 볼 능력이 없다. 교사들은 두세 살이 대개 아직 그룹 활동을 할 준비가 되어 있지 않다는 점을 이해해야 한다. 그 또래 아이들은 '병행 놀이'(parallel play)를 하는 모습을 보인다. 다른 아이들 근처에서 놀기는 하지만, 협력하며 놀지는 않음을 말한다.

물론 아이의 자기중심적인 관점과 새로운 기술에 대한 자신감은 양육을 어렵게 만드는 측면이 있다. 예를 들어, 유아기 아이들이 자기 의지를 내세우기 시작하면서, 곧 "싫어"라고 말할 줄 알게 된다. 그래서 보호자는 아이가 익힌 새로운 기술을 칭

> **【유아】**[8]
> - 추상적으로 생각하지 못한다. 간단하고 구체적인 실례를 들어야 한다.
> - 주의 집중 시간이 3-7분 정도다.
> - 새로운 단어를 많이 배우고 있다. 이제 감정에 관한 단어를 알고 성경 속 단어도 배울 수 있다.
> - 보호자가 떠날 때 분리 불안을 경험할 수도 있지만, 동시에 새로운 환경을 적극적으로 탐구하려고 한다.
> - 독립성이 생긴다. 주방 도구나 필기구를 들거나 페달을 밟거나 스스로 옷을 입거나 화장실을 사용하는 등 새로운 기술을 배워간다.
> - 세상을 다른 사람에서 관점에서 보지 못한다(자기중심주의).
> - 친구를 사귀고 다른 아이들 근처에서 놀기를 좋아하지만(병행 놀이), 좀 더 어린 유아는 다른 아이들과 협력적으로 놀지 못한다.
> - 권위에 도전하고 자신의 의지를 보이기 시작한다. 불순종했을 때의 분명한 체계와 대가가 필요하다.
> - 노래와 시, 간단한 이야기를 암송한다.
> - 제한적인 소근육 운동 기술을 보인다. 색칠하거나 풀칠할 때 많은 도움이 필요하다.

찬하는 동시에 한계도 균형 있게 가르쳐야 하는 난관에 부딪힌다. 유아기 아이들이 할 수 없는 일과 해서는 안 되는 일이 많다. 부모와 보호자는 아이가 자기 의지와 감정을 표현하되 예의 있는 방식으로 표현하도록 가르쳐야 한다. 그럴 때 아이는 어른들의 권위, 돌봄, 보호 아래서 자신감과 독립성을 기를 수 있다.

부모와 어린이 사역자들은 자기 의지를 갖기 시작하는 유아들을 어떻게 하나님 안에서 기쁘게 할 수 있을까? 몇 가지 방법을 제안하고 싶다.

- **새로운 기술을 배우면서 기쁨을 기르게 하라**: 아이들이 새로운 기술을 배울 때 느끼는 기쁨은 옳고 좋은 것이다. 이 기쁨을 깨뜨리지 말라. 부모는 아이가 스스로 배변하고 옷을 입을 때 응원해주어야 한다. 교사는 아이가 보이는 기술과 독특함을 하나님의 피조물로 여기고 응원해주어야 한다(시 139:13-18). 하지만 단지 응원하는 차원을 넘어 그것에 대해 하나님을 찬양해야 한다. "하나님이 너를 우리 반으로 보내주셔서 얼마나 감사한지 모르겠구나!"
- **몸으로 배우게 하라**: 유아들은 호기심이 많고 가만히 앉아 있지 못한다. 교사가 말로 뭔가를 설명하는데, 아이들은 방 건너편의 다른 무언가에 이끌려 그쪽으로 탐험하려고 든다. 이런 이유로 이 시기의 아이들은 수업할 때 공작, 정해진 반응을 곁들인 이야기, 율동, 활동적인 게임 등을 통해 몸을 쓰게 해야 한다(7장을 보라).
- **복음의 이야기에 정체성의 뿌리를 내리게 하라**: 유아의 언어적 능력은 폭발적으로 발전한다. 두 살배기 아이 대부분은 약 200개 단어를 말할 수 있다. 네 번째 생일이 되기 전까지는 거의 1,500개 단어를 알게 된다.[9] 아이들은 유아기에 처음으로 '성경', '기도', '예수님' 같은 중요한 단어를 배울 수 있다. 2세 정도가 되면, 일상 속 사건에 관한 이야기를 지어내기 시작한다.[10] 아이들은 이야기를 듣고 말하면서 정체성을 세워간다. 그러므로 당신이 유아들을 가르칠 때 미치는 영향력을 과소평가하지 말라.

유치(4-5세):
진취성과 양심을 기른다

이 시기의 아이들은 한계까지 도전하고 실험하는 탐험가다. 이들이 세상을 탐구하는 건전한 방식 중 하나는 상상력을 동원하는 것이다. 이 시기 아이들은 대상에 대한 문자적 해석을 넘어 상징을 이해한다. 5세가 되면 허구(지어낸 이야기와 상상 속 친구들)와 현실의 차이점을 탐구한다. 이 시기 아이들은 책이나 텔레비전 속의 좋아하는 캐릭터처럼 꾸며 입고서 지어낸 이야기들을 공연하기 시작한다.

아이의 경계가 확장되면서 관계도 확장된다. 아 시기에는 병행 놀이에서 '연합 놀이'(associative play)로 넘어간다. 이제 4세 여자아이는 친구 옆에 앉아 따로 색칠 공부를 하거나 블록을 갖고 노는 데 만족하지 않고, 친구에게 이렇게 말한다. "너는 엄마 해. 나는 아기 할게." "너는 가게 아저씨 해. 내가 먹을 걸 사러 갈게."

때로 유치부 아이들은 자신을 한계까지 몰아붙이다가 보호자가 정해준 경계를 마주한다. 그때 아이는 원하는 것을 얻지 못해 짜증을 내고, 그러다 그것을 얻기 위해 규칙을 어기면 죄책감을 느낀다. 그렇게 아이가 불순종할 때 죄책감을 느끼는 것이 적절하다. 단, 부모와 보호자는 아이의 호기심을 억누를 정도로 너무 많은 제약을 주지 않도록 조심해야 한다.

어른들은 아이가 원하는 대로 다 하도록 허용하지 말아야

> **[유치]**[11]
> - 복잡한 문장과 간단한 이야기를 사용하여 분명하게 말한다.
> - 상상력을 더 많이 사용한다. 허구와 현실 사이의 차이를 탐구한다. 분장이나 역할극 놀이를 하면서 혼잣말을 하는 경우가 많다.
> - 감정을 더 자각하고 공감을 표현하기 시작한다.
> - 사회성이 점점 더 발달해 친구들 근처에만 있는 것이 아니라 친구들과 함께 놀기 시작한다(연합 놀이).
> - 협력, 나눔, 차례대로 하는 법을 배운다.
> - 주의 집중 시간은 10-15분이다.
> - 놀이와 친구 관계에서 성과 성 역할을 자각한다.
> - 일반적으로 존재하는 인종에 대한 고정 관념, 특히 소수 민족 아이에 대한 편견을 인식한다.
> - 다단계 지시를 따를 수 있고, 시간관념이 생긴다.
> - 체계가 필요하고, 간단한 규칙을 따를 수 있다.
> - 권위에 도전하고 자기 의지를 표현하기 시작한다.
> - 양심이 덜 발달되어 있다. 주로 사후에 따르는 결과를 보고 좋은 행동인지 나쁜 행동인지를 판단한다.

한다. 하지만 새로운 것을 알고 탐험하려는 아이의 욕구를 채워주는 일도 중요하다. 그래서 부모는 아이의 행동을 막으면서도 격려할 방법을 찾아야 한다. 예를 들어 이렇게 말한다. "모래놀이를 하고 싶은 건 좋은 일이야. 하지만 지금은 때가 아니구나." "여기는 모래놀이를 하기 좋은 곳이 아니니까 더 좋은 곳으로 가자." 아이에게 할 일을 맡기는 것도 아이의 진취성을 길러주는 좋은 방법이다. 그렇게 하면, 아이는 자신을 세상, 가정, 학교에서 중요한 존재라고 인식하게 된다. 어떻게 이 시기 아이들에게 진취성과 순종함을 동시에 기르게 해줄까? 우리는 아이들에게 하늘 아버지의 사랑과 징계를 보여주어야 한다. 그 방법은 다음과 같다.

- **일관된 모습을 보이라**: 이 시기 아이들은 규칙을 반복해서 말해주어야 하고, 일관된 일정이 필요하다. 교사는 준비를 철저히 하고, 절차나 속도를 일정하게 유지해야 한다. 유치부 관리의 팔 할은 무엇을 할지 정확히 아는 것이다. 내가 아는 최고의 유치원 교사들은 반에서 네 가지 규칙을 정해둔다. 그리고 이 규칙을 상기시키려고 손동작을 사용한다. 첫째, 한 번 말하면 듣기(손가락 하나를 펴서 든다). 둘째, 조용히 하기(검지를 입에 갖다 댄다). 셋째, 선생님에게 집중해주기(손을 들어 하이 파이브 자세를 취한다). 넷째, 손과 몸을 움직이지 말기(손을 펼쳐 흔들다가 재빨리 주먹을 쥔다).
- **아이의 양심에 호소하라**: 이 시기 아이들은 옳고 그름을 분간하고, 옳음을 선택하기 위해 여전히 규칙에 의존한다. 양심(개념, 행동, 상황에 관해 긍정적이거나 부정적인 내적 판단을 하는 능력[12])은 덜 개발되었으나, 점차 발전하고 있다. 보호자는 "우리가 불순종하면 예수님이 슬퍼하셔"와 같은 말로, 아이의 발달 중인 양심에 호소할 수 있다. 이러면 아이 속에 옳고 그름에 관한 내적 관념이 형성되고, 그 관념은 어른이 되어서도 유지된다.
- **하나님의 방식으로 세상을 탐구할 때 찾아오는 기쁨을 가르치라**: 하나님의 명령을 따를 때 삶이 가장 좋게 풀리고 기쁨이

찾아온다는 점을 아이들이 이해하도록 도와주어야 한다 (요 15:10-11). 부모와 어린이 사역자들이 하는 이런 말을 들어봤을 것이다. "아이들은 권위에 순종할 줄 알아야 한다. 그리고 항상 이유를 말해야 할 필요는 없다." 일리 있는 말이다. 나도 내 딸들이 위험한 순간에 즉각 내 말을 따랐으면 좋겠다. 하지만 항상 이유를 설명해주는 것이 좋다고 생각한다. 그러면 아이들은 자신을 향한 하나님의 사랑의 목적뿐만 아니라 아버지인 내가 그들에게 품은 사랑의 목적도 깨달을 수 있을 것이다.

초등 저학년(6-10세): 유머, 경쟁적 태도, 비판적 사고가 발달한다

꽃가게 주인이 제일 싫어하는 도시는? "시드니." 전화기로 세운 건물은? "콜로세움." 아몬드가 죽으면? "다이아몬드." 학령기 아이들은 이런 종류의 농담을 좋아한다! 7세쯤 되면 더 추상적인 개념을 생각할 수 있고, 말을 잘하게 된다. 이 시기 아이들은 학교에서 읽기, 쓰기, 말하기에 관한 온갖 기술을 배운다.[13]

또 이 시기의 아이는 단어의 철자를 말하고 수학 문제를 풀고 책을 읽을 수 있다. 이 단계 내내 아이의 해석 능력도 발달한다. '누가', '무엇을', '어디서', '언제'의 질문에 답할 수 있다. 하지만 '왜'의 질문에 항상 논리적으로 답하지는 못한다. 사람의 행

【초등 저학년】[14]
- 사건과 순서를 기억하는 능력이 더 좋아진다. 철자를 말하고 책을 읽을 수 있다. 더 체계적으로 생각하고, 배운 것을 일반화할 수 있다.
- 가상 놀이를 계속해서 한다. 주로 인형과 캐릭터 인형을 갖고 논다(6-9세).
- 몸이 자라서 영구치가 나고, 식욕이 증가하며, 협응력과 근력이 향상된다.
- 새로운 기술을 습득하면서 자신감과 안정감을 얻는다. 절제력과 행동 전에 생각하는 능력이 좋아진다.
- 필기하는 능력이 향상되고 손과 눈의 협응력이 좋아진다. 사물, 사람, 동물에 관한 더 복잡한 그림을 그릴 수 있다(7-9세).
- 주의 집중 시간은 7-9세는 평균 15분, 10-12세는 20분 정도다.
- 주로 동성 그룹을 선호한다(6-9세). '절친'이 생길 수 있다. 10세 정도에는 이성에 대한 관심이 커지고, 첫사랑을 경험할 수 있다.
- 빠르면 9세에 사춘기가 올 수 있다. 대체로 여자아이는 남자아이보다 빨리 성숙해진다.
- 부모와 다른 어른들의 인정을 받고 싶어 한다. 하지만 또래의 영향을 받아, 좋아하는 것과 싫어하는 것이 형성된다.
- 흑백 논리나 단순한 옳고 그름의 관점, 개인적인 경험을 넘어 자신만의 독특한 세계관을 형성한다.
- 의지, 행동, 동기를 더 분명히 구별할 수 있다(10세 전후).

동에 대한 매우 추상적인 동기나 이유는 잘 이해하지 못한다.

가상 놀이는 6-9세까지 계속되지만, 대개 분장과 역할극보다는 인형과 캐릭터 인형으로 넘어간다. 십대가 되면서 가상 놀이는 취미와 스포츠로 대체된다. 이 시기 아이들은 영구치가 생기고 식욕이 왕성해지며 협응력과 근력이 강해지는 등 육체적으로 발달하면서 더 활동적이고 경쟁적이게 된다.

초등학교 저학년 아이들은 대개 부모를 비롯한 어른들의 인정을 받으려고 노력하고 경쟁한다. 하지만 또래의 영향이 점점 더 중요해지기 시작한다. 이 시기 아이들은 다른 사람들과 자신을 집단의 일원으로 의식하기 시작하며, 또래에게 받아들여지기를 바라는 마음이 점점 더 커진다. 어리석은 사람처럼 보이거나 실수하거나 창피당하는 것을 두려워한다. 보호자는 아이의 성취를 칭찬할 뿐 아니라 무조건적인 사랑과 애정을 보여주어야 한다. 그러나 특정한 행동이나 기술을 보여주었을 때 사랑한다고 표현하는 것은 조심해야 한다.

그리고 이 아이들이 비판적인 사고자라는 점을 알아야 한다. 아이들이 타락한 우리 세상의 망가진 부분을 보기 시작하더라도 놀라지 말아야 한다. 아이들은 초등학교에 들어가면서 규칙과 공정함을 매우 중시하게 된다. 심하면 바리새인처럼 될 수도 있다. 즉 '예수님이 우리를 선하게 만드신다'가 아니라 '규칙을 따르면 선해진다'는 태도에 빠질 수 있다.[15] 아이들이 십대에 접어들면, 규칙에 의문을 품기 시작하고 부모, 교사, 친구들에 대해 더 비판적으로 변하는 경우가 많다.

유머를 좋아하고, 경쟁하려 들며, 비판적으로 사고하는 이 시기 아이들의 마음을 어떻게 잘 돌볼 수 있을까?

- **성경 읽기와 공부를 권장하라**: 초등학교 시절 아이들 사이에서 읽기와 쓰기 기술은 매우 큰 차이가 난다. 이 시기 처음 몇 년간은 글을 읽을 줄 아는 아이와 모르는 아이를 구분해서 가르쳐야 한다. 하지만 6-7세여도 성경 구절을

찾기 위해 성경책들의 이름을 외우는 것 같은 기본적인 성경 읽기 기술은 가르칠 수 있다. 아이들이 글을 읽을 줄 알게 되면 교회에 성경을 가져오게 하고, 비교, 대조, 분석에 초점을 맞춘 활동을 통해 성경의 진리를 발견하게 해야 한다. 5학년 아이들은 역사와 연대에 따라 정리된 스터디 바이블을 보면서 성경의 큰 주제를 탐구할 수 있다.[16]

- **자신의 악한 마음을 보게 해주고, 그리스도를 믿으라고 가르치라**: 초등학생은 비판적인 사고를 하게 되면서 다른 사람의 가치를 판단하고 악한 행동을 정죄하는 경향을 보인다. 아이들에게 하나님의 사랑의 법을 가르칠 뿐 아니라 그들도 행동과 말을 다르게 하는 죄를 짓고 있음을 보도록 도와주어야 한다. 아이들이 자기 죄를 보기 시작하면 망가진 세상을 구원하고 회복시키기 위한 하나님의 큰 계획을 전할 준비를 해야 한다. 그리고 아이들이 믿음으로 그리스도께 나아가도록 가르쳐야 한다.

이번 장의 첫머리에서 소개했던 사라라는 여자아이가 어린 양을 죽이고 싶다고 했을 때 이렇게 복음을 이야기해주어야 했다. 일단, 사라는 아홉 살이기 때문에 추상적인 개념을 정확히 이해하지 못한 측면이 있었다. 그런데 우리 교사들이 수업 후에 사라와 사라의 부모와 대화해보고, 아이가 며칠 전에 동생에게 심한 말을 한 적이 있음을 알게 되었다.

사라는 성경을 탐구하고 보혈의 대속이 필요함을 공부하던 중 죄책감을 크게 느꼈다. 그래서 피의 제사로 실질적인 용서를 받을 수 있다는 사실에 눈이 번쩍 뜨였다. 어서 어린 양을 죽이고 죄를 용서받고 싶었다. 그날 아침 사라가 그런 마음을 표현하자 우리 어린이 사역팀은 그 아이에게 사랑으로 다가가 복음을 전하고, 그리스도를 영접하라고 권유했다.

우리 교사들은 사라가 바라는 희생을 예수님이 이미 완벽히 치르셨다고 설명했다. 그리고 복음의 진리를 분명히 전하고서 사라에게 믿으라고 말했다. 사라는 그날의 대화 후로 몇 년이 지나도 그리스도의 위로를 받아들이지 않았다. 하지만 그날 우리 교사들이 아이에게 믿음을 전한 것은 너무나도 잘한 일이었다. 우리는 아이들이 어떤 식으로 자라는지 알고서 사랑과 확신으로 복음을 전해야 한다. 하나님이 그 아이들을 단계적으로 성장하게 해주실 줄 믿고서 그렇게 해야 한다.

【9장】

유튜브 세대를 위한 요리문답

다음 세대 복음화를 위한 '옛적 길'

2020년 2월, 굿 미시컬 모닝(Good Mythical Morning)이라는 유튜브 채널과 이어 비스킷(Ear Biscuits) 팟캐스트의 진행자인 코미디 듀오 렛 매클러플린(Rhett McLaughlin)과 링크 닐(Link Neal)은 기독교를 떠난다고 선언했다. 그들은 기독교를 떠나는 이유를 설명하는 일련의 동영상을 올렸다. 이에 많은 크리스천 어린이와 청소년이 충격을 받았다. 변증 블로거 알리사 칠더스(Alisa Childers)는 이렇게 말했다. "적지 않은 사람이 개인적으로 내게 연락을 해왔다. 자신이 가르치는 학생들이 방송에 충격받고 의심에 빠졌다고 말한 목사들도 있었다."¹

렛과 링크은 핼러윈 캔디 우승팀 맞추기, 풍자적인 노래 부르기, 자기 몸을 강력 테이프로 묶는 것 같은 소소하고 건전한 유머로 인기를 쌓았다. 그런데 자신들의 신앙을 공공연히 드러낸 것도 인기에 한몫했다. 그들은 둘 다 대학 선교회 크루(Cru)의 간사로 섬기었다. 게다가 최근에는 필 비셔(Phil Vischer)의 어린이 동영상 시리즈인 〈성경에는 무엇이 있나?〉(What's in the Bible)에서 성경에 관한 노래를 부르는 '멋진 벤틀리 형제'로 출연했다.

무엇이 기독교에 관한 렛과 링크의 마음을 바꿔놓았을까? 렛의 말에 따르면, 그는 성경과 과학의 관계, 지구의 나이, 진화에 관해 의문이 들기 시작했다고 한다. 이는 부활의 역사적 사실 여부, 지옥과 최후 심판의 공평성에 관한 의문으로 발전했다. 또한 렛과 링크는 성경의 성 윤리에 불편한 감정을 느꼈다. 그들은 기독교 성 윤리가 여성과 동성애자인 자기 친구들에게 억압적이라고 생각했다. 그들이 기독교에 관해 제기한 문제점은 전혀 새로운 것이 아니다. 하지만 칠드스에 따르면, "교회의 탄생 이후로 겪어온 오랜 비판은, 아이들의 우상이 된 멋지고 웃긴 남자들이 완전히 새로운 세대에게 제기할 때 전에 없이 강한 힘을 발휘했다."[2]

어린이, 청소년 사역자들이 렛과 링크의 회의론에 맞서 탄탄한 근거를 제시할 수 없는 것은 아니다. 리 스트로벨(Lee Strobel)과 팀 켈러(Tim Keller) 같은 저자들이 기독교 신앙을 옹호하기 위해 쓴 훌륭한 책이 많다. 문제는 렛과 링크가 단순히 아이들의 정신을 사로잡았다는 것이 아니다. 그들은 아이들의 마음을 사로잡았다. 이 두 코미디언은 매력적이다. 그들을 따르는 아이들의 생각과 정서, 습관은 매일 유튜브 채널에 등장하는 이 듀오에게 깊은 영향을 받은 상태다.

가르치다,
알다, 살다

가정들이 교회에 주기적으로 출석하는 지체가 되면, 교회 리더들은 신앙의 여정을 함께하며 그들을 격려해야 할 책임이 있다. 아이들의 교리, 마음, 삶의 방식을 옳게 형성해줄 제자 훈련 전략이 필요하다. 8장에서 우리는 어떻게 아이들을 연령대에 맞는 신앙의 반응으로 이끌지를 논했다. 우리는 아이들에게 내용을 가르치고, 각 아이의 연령대에 맞는 활동적인 수업을 준비할 뿐 아니라 제자 훈련의 길 내내 아이들과 '함께' 가야 한다.[3] 이번 장에서는 부모들이 제자 훈련의 길에서 아이들과 동행할 수 있도록 어떻게 도울지를 탐구할 것이다. 시편 78편은 다음 세대의 신앙 훈련을 위한 3단계 틀을 제공해준다. 5-7절을 보자.

> 여호와께서 증거를 야곱에게 세우시며 법도를 이스라엘에게 정하시고 우리 조상들에게 명령하사 그들의 자손에게 알리라[가르치라] 하셨으니 이는 그들로 후대 곧 태어날 자손에게 이를 알게 하고 그들은 일어나 그들의 자손에게 일러서 그들로 그들의 소망을 하나님께 두며 하나님께서 행하신 일을 잊지 아니하고 오직 그의 계명을 지켜서.

시편 기자는 이스라엘의 부모들과 언약의 공동체에 다음 세대를 훈련할 책임을 준 뒤(1장을 보라) 계속해서 그 훈련이 어떻게 이루어져야 하는지를 알려준다. 하나님은 이스라엘의 아이들이 그분의 율법과 말씀을 '배워' 그분의 명령과 이야기를 '알기를' 원하셨다. 더 나아가 하나님은 이스라엘의 아이들이 그분을 알기를 원하셨다. 아이들이 그분께 소망을 두고 그분의 역사를 잊지 않기를 원하셨다. 목표는 각 세대가 하나님의 명령을 실천하고 '지키는' 어른으로 자란 뒤에 그 명령을 다시 다음 세대에 전하는 것이다.[4]

이 제자 훈련 과정을 단계별로 살펴보고, 유튜브 시대에 아이들을 키우는 엄마와 아빠가 이 과정을 어떻게 따를지를 고민해보자.

기본을 '가르치라'

수학을 배우는 아이가 이차 방정식으로 바로 넘어갈 수는 없다. 먼저 숫자 세는 법을 배운 뒤에 더하기, 빼기, 곱하기, 나누기를 배워야 한다. 이렇게 기본을 터득한 뒤에는 대수학, 기하학, 미적분 같은 복잡한 수학을 배울 수 있다. 우리는 미취학 아동에게 삼위일체 같은 복잡한 교리를 바로 가르치지 않는다. 먼저, 간단한 성경 이야기를 해주고 짧은 구절을 암송하게 하며 밤에 기도하게 하는 식으로 크리스천 삶의 기본기부터 가르친다.

부모가 자녀에게 기본을 가르치는 데 매우 유용한 도구 중 하나는 요리문답이다.[5] '요리문답'이라는 용어와 요리문답으로 공부한다는 것이 부담스러울 수 있다는 것을 잘 안다. 렛과 링크의 동영상만큼이나 요리문답이라는 말은 이상하게 들린다. 또한 요리문답은 시대에 뒤떨어지고 경직된 것처럼 들린다. 개혁파 교회나 루터 교회에서 자랐다면 견진성사 수업 시간에 요리문답을 공부한 기억이 있을 것이다. 장로교인이라면 "인간의 주된 목적은 무엇입니까?"라는 질문에 대한 답이 "하나님을 영화롭게 하고 그분을 영원히 즐거워하는 것입니다"임을 알 것이다. 그런가 하면 요리문답이라는 용어를 처음 들어본 독자들도 있을 것이다.

요리문답은 가르치거나 훈련한다는 뜻의 헬라어 '카타케오'(katācheō)에서 왔다. 이 헬라어 단어는 모든 종류의 가르침이나 훈련을 가리킬 때 사용한다(눅 1:4; 행 18:25). 하지만 교회 역사 초기에 이 단어는 새 신자에게 교회 교리와 관행에 관한 문답 암송을 통해 기독교의 기본을 가르칠 때 사용되었다.[6] 오늘날도 마찬가지다. 요리문답은 기본적인 성경 진리를 가르치기 위해 사용되는 문답을 모아놓은 것이다.

이 방법의 뿌리는 초대교회보다 더 이전으로 거슬러 올라간다. 하나님은 이스라엘 백성을 이집트에서 구해내시며, 그들이 그 놀라운 구원의 사건을 기억하도록 율법과 의식, 희생제사 시스템을 주셨다. 하나님은 율법을 주실 때 아이들을 염두에 두셨다. 출애굽기 12장 26-27절, 출애굽기 13장 14-16절, 여호수아 4장 6-7절 같은 구절에서 우리는 이런 한 가지 문구가 반복해서 나옴을 알 수 있다. "너희의 자녀가 묻기를 이 예식이 무슨 뜻이냐 하거든 너희는 이르기를…."

하나님은 아이들을 호기심과 경이감을 지닌 존재로 창조하셨다. 하나님은 아이들이 그분의 율법이나 유월절 의식에 관해 물으면, 부모들이 대답할 수 있기를 원하셨다. 그래서 이런 구절에서 하나님은 부모들에게 자녀의 질문에 대답하기 위한 간단한 원고를 주셨다. 출애굽기 12장 27절의 답은 이렇다. "이것은 유월절 제사야. 하나님이 이집트인들을 치셨을 때 이집트에 살던 이스라엘 백성의 집은 그냥 넘어가셨어. 그래서 하나님 백성의 집은 무사했어." 하나님은 부모들이 언제라도 답할 수 있도록 이 원고를 기억하게 하셨다. 부모들은 이 원고 덕분에 유월절이라는 연간 절기가 어떻게 하나님의 거대한 구속의 계획에서 나왔는지를 설명해줄 수 있었다.

우리 딸들이 어릴 적에 우리는 아이들이 잘 잠들도록 방에 찬양을 틀어주었다. 우리가 고른 앨범 중 하나는 어린이용 요리문답을 음악으로 만든 것이었다. 우리 딸들은 노랫말을 이해하기도 전에 사도신경 속의 기이하고 아름다운 기독교 교리, 십계명을 통해 요약된 성경의 윤리, 주기도문에 나타나는 예수님의 모범 기도를 외울 수 있었다.

가장 좋은 요리문답은 복음의 이런 기본(신조, 명령, 기도)에 초점을 맞춘다. 또 이런 요리문답은 도로시 세이어스(Dorothy Sayers)

가 말한 신앙의 '문법'을 아이들이 배우게 해준다.[7] 복음 연합(The Gospel Coaliton)의 '뉴시티 교리문답'도 이런 형태를 따르며, 이것의 어린이 버전은 유아부터 시작해도 될 만큼 간단하다.[8]

요리문답은 어린이 사역 커리큘럼의 좋은 틀이 되어주기도 한다. 내가 섬겼던 한 교회에서 우리가 채택한 어린이 사역 커리큘럼은 성경을 연대순으로 공부하는 교재였다. 우리는 매달 전체 모임에서 요리문답을 암송하면서 이 수업을 보완했다. 우리 교사 중 한 명은 매주 요리문답 시간에 사용할 재미있는 기타 연주곡을 작곡했다. 아이들은 연주에 맞춰 춤을 추고 연주가 끝나면 "요리문답!"이라고 외쳤다. 그러면 우리는 요리문답을 진행했다. 이것은 우리가 기본 교리 학습 시간을 재미있게 만들기 위한 방법의 하나였다.

하나님의 이야기에 대한 열정에서 비롯한 그분에 대한 지식을 '알게 하라'

우리 할아버지 세대는 아침마다 식탁에 앉아서 조간신문을 읽었다. Z세대[1996-2014년에 태어난 아이들. 현재 미국 인구의 가장 많은 부분을 차지하는 이들(24.3%)][9]은 아침에 일어나서 스냅챗과 유튜브를 본다. 십대의 92퍼센트는 매일 온라인 활동을 한다.[10] 상황이 이러니 아이들에게 인터넷이 성취를 추구하는 곳인 것은 전혀 이상한 일이 아니다. 아이들은 구글 클래스룸이나 Code.org에서 숙제와 문제 풀이를 할 뿐만 아니라, 소셜 네트워크(SNS) 세상을 통해서 성취를 추구한다.

오늘날의 십대들은 수 세대 전 아이들이 하던 일을 온라인에서 하고 있다. 즉 그들은 무리에 들어가려고 노력하고 있다. 마이크로소프트사 사회 기술 연구원인 대나 보이드(Danah Boyd)는 이렇게 말한다. "이런 이유로 십대들은 자신의 여러 면 중에서 또래들이 받아줄 만한 면을 보여주는 경향이 있다."[11] 과거에는 입은 옷, 학교 식당에서 앉은 위치 등이 사회적 지위를 보여주었지만, 지금은 온라인에서 얻는 댓글, 좋아요, 팔로우 수가 그 지위를 보여준다.

오늘날 스마트폰은 소속에 대한 사회적 압박을 휴대용으로 업그레이드했다. 그로 인해 요즘 아이들은 온라인에서 친구들에게 좋은 인상을 주기 위해 애쓴다. 어떤 아이들은 SNS 관리에 목숨을 건다. 친구들의 '좋아요'는 자신감과 즐거움을 준다. 그런데 아이들의 SNS 활동이 모두 자기중심적인 것만은 아니다.

사회적으로 연결되면 공감 능력이 향상되고, 현실을 파악할 수 있으며, 목적의식이 생기는 데 도움이 된다. 온라인 세상이 커지면서 아이들은 더 다양한 친구들과 연결될 수 있게 되었다. 예를 들어, 요즘 아이들은 인종과 문화가 다른 아이들과 친해질 수 있다. Z세대는 세상의 고통과 불의를 이전 세대보다 더 잘 안다. 그래서 아이들이 SNS를 통해 사회적 명분에 관한 열정을 표현하는 경우를 심심치 않게 볼 수 있다.

그러나 어떤 아이들이 온라인에서 즐겁게 자기 사진을 올리거나 사회 정의를 외치는 동안, 다른 한쪽에서 어떤 아이들은 사이버 괴롭힘을 당하거나 세상에 환멸을 느낀다. '좋아요'는 피상적이다. 그리고 정의를 외치는 목소리가 온라인에서만 울려 퍼지고 일상에서는 들리지 않는다면, 그것 또한 피상적이다.

교회는 인정, 소속, 정의에 대한 Z세대의 열정에 어떻게 반응해야 할까? 나는 이것을 기회로 봐야 한다고 생각한다. 우리는 더 깊고 큰 무언가에 열정을 품도록 창조된 존재다. 그래서 우리가 이 세상에서 경험하는 기쁨과 채워지지 않는 갈망은 모두 하나님나라를 향한 더 깊은 갈망을 보여준다.

아이들은 자신의 일상적 경험을 초월한 완전한 언약의 사랑과 하나님나라의 일을 갈망하고 있다. 그들은 SNS가 제공할 수 있는 것보다 더 오래가는 일을 갈망하고 있다. 그들은 정의를 말로만 외치는 것이 아니라 실천하기를 갈망한다. 이것이 우리가 아이들에게 신앙의 기본을 가르치기만 하지 말고, 그들이 생명보다 나은 사랑(시 63:3)과 언젠가 파도처럼 온 세상을 덮을 진정한 정의(암 5:24)를 품도록 도와야 하는 이유다.

챔프 손턴(Champ Thornton)의 말처럼 우리는 아이들이 "하나님의 선하심과 과학의 경이, 스포츠의 활력, 언어의 기쁨"[12]과 연결되도록 도와야 한다. 그럴 때 아이들은 그리스도가 삶의 일부가 아니라 삶 자체가 되어야 한다는 사실을 볼 수 있을 것이다(골 3:4).

아이들에게는 성경의 더 나은 이야기, 더 온전하고 더 초월적인 이야기가 필요하다.

- 성경의 이야기는 이생의 피상적인 경험을 초월하는 구속적인 사랑을 보여준다. 이 이야기는, 모든 사람이 창조주 왕의 형상으로 인해 가치가 있기 때문에 아이들의 가치가 댓글이나 '좋아요'에서 비롯하지 않는다는 사실을 보여준다.
- 성경의 이야기는 피상적인 세상 문화에 완전히 맞서신 구주를 아이들에게 보여준다. 예수님을 알고 사랑하는 담대한 교회는 오늘날에도 눈에 띈다. 예수님에 대한 사랑을 공개적으로 표현하면 때로 분위기가 순간적으로 어색해질 때가 있다. 아이들에게 죄에 관해 가르치고 지옥과 심판을 이야기하면 분위기가 어색해질 수 있다. 하지만 다음 세대를 진정으로 사랑한다면, 분위기가 어색해지더라도 진실을 말해주어야 한다.
- 성경의 이야기는 때로 인정하기 싫을 만큼 망가진 현대 세상의 상태를 설명해준다. 아이들과 함께 성경책을 펴서 사사기와 열왕기 이야기를 해주면, 아이들은 친구들에게서 볼 수 있는 종교적 다원론과 성적 혼란이 하나님께 전혀 예상치 못한 일이 아니라는 사실을 알 수 있다. 물론 아이들에게 성경 이야기를 해줄 때는 나이를 신중히 고려해야 한다. 하지만 10-12세 아이들은 이미 SNS를 통해서 사회의 망가진 모습을 충분히 보았다. 따라서 성경을 통해 세상의 망가진 모습을 보여주는 것을 두려워할 필요가 없다.

이것이 Z세대가 들어야 할 이야기다. 또한 우리가 개인적으로 이 이야기를 받아들였다는 것을 아이들에게 보여주어야 한다. 다시 말해, 부모와 교회 리더로서 우리는 자신의 개인적인 죄와 집단적인 죄를 고백해야 한다. 인종 차별, 가난한 사람들에 대한 관심 부족의 역사를 적극적으로 회개하는 교회의 모습을 Z세대에게 보여주어야 한다. 부모들은 화를 내거나 경솔하게 말했을 때 겸손히 용서를 구하는 모습을 보여주어야 한다.

아이들이 휴대전화를 내려놓고 예수님 안에서 더 깊은 만족을 얻으려면, 부모와 교사가 성경의 이야기를 열심히 전해주고, 일상에서 성경 위인들의 인격을 보여주어야 한다.

성경의 이야기대로
습관처럼 '살게 하라'

기독교 교육자인 앨런 커리(Allen Curry) 교수는 어린이 사역의 커리큘럼 계획을 미취학 아동이 실로 구슬을 꿰는 활동에 비교한다. 실로 구슬을 꿰어 목걸이를 만들려면 먼저 구슬을 준비해야 한다.[13] 이 구슬은 아이들이 어릴 적에 배우는 기본적인 성경 이야기, 암송 구절, 요리문답의 질문들, 기도를 의미한다.

아이들은 받은 구슬을 크기와 색깔별로 나누거나 패턴에 따라 배열한다. 마찬가지로, 아이들은 성경의 기본적인 내용을 숙지한 뒤에 성경의 기본적인 진리가 서로 어떻게 연결되는지를 배운다. 예를 들어, 아이들은 성경 이야기를 연대순으로 생각하는 법을 배울 수 있다. '아브라함은 노아 이후에 살았다.' 혹은 주제별로 나눌 수도 있다. '여호수아와 기드온은 둘 다 용기에 관한 무언가를 보여준다.'

공작을 완성하기 위해서는 구슬들을 연결하는 실도 필요하다. 기독교 제자 훈련에서는 구속 이야기(복음)가 그 실이다. 성경 전체에서 예수님을 보는 것이 제자 훈련의 핵심이지만, 거기서 한 단계가 더 있다. 목걸이는 차야 하는 것이다. 바로 이것이 제자 훈련의 진정한 목표다. 아이들이 그리스도의 이야기를 스스로 받아들여 인격과 정서, 삶의 습관이 변하도록 가르쳐야 한다.

우리가 삶에 어떻게 반응할지는 주로 습관으로 결정된다. 그런데 휴일만큼 습관과 전통이 분명하게 나타나는 때도 없다. 우리 가족은 추수감사절에 함께 모여 칠면조 요리를 즐기고 장식을 한다. 주말에도 온 가족이 거실에 옹기종기 앉아 축구를 시청한다. 성탄절에는 트리를 만들고, 커다란 양말을 걸고 마티나 맥브라이드(Martina McBride)의 크리스마스 캐럴 앨범을 듣는다(적어도 이것이 우리 가정이 습관처럼 지키는 전통이다).

하나님은 이스라엘 백성에게 그분의 율법과 말씀을 후대에 전하라고 명령하시면서 제자 훈련을 습관과 절기로 정착시키라고 지시하셨다. 하나님은 단순히 이스라엘 백성에게 교리의 요약본을 주지 않으셨다. 또 하나님은 그들에게 연간 절기도 주셨다. 레위기 23장은 유월절에서 칠칠절까지 절기들을 개괄적으로 소개한다. 이스라엘의 가족은 이런 절기를 지킴으로써 매년 출애굽에서 시내산까지의 여정을 기억할 수 있었다.

【9장】 유튜브 세대를 위한 요리문답

신약의 신자들은 매년 종교적 절기를 지킬 필요가 없다(골 2:16). 하지만 우리의 개인적인 이야기는 그리스도의 이야기를 통해 형성되어야 한다. 역사 속에서 크리스천들이 이를 위해 사용한 방법의 하나는 그리스도의 삶을 교회력에 반영하는 것이었다. 성탄절과 부활절만 아니라 교회력 전체가 그리스도의 삶을 중심으로 이루어졌다. 예로부터 기독교의 교회력은 그리스도의 오심을 약속하는 대림절에서 부활절을 거쳐 성령이 오신 오순절까지 예수님의 이 땅 사역의 주요 사건들을 기념한다.

나는 전례력을 따르는 교회에 속해 있고, 이 점에 감사하고 있다. 그 덕분에 우리 첫째 딸은 매년 성탄절 이브 한밤중에 〈고요한 밤 거룩한 밤〉을 부르며 예수님 오심을 기뻐하고, 재의 수요일 아침에는 광야에서 시험을 받으신 예수님을 기억한다. 딸아이는 매년 이런 행사를 고대한다. 하지만 당신이 사순절에 금식하거나 성탄절 이후 12번째 날을 주현절로 마무리하지 않더라도, 다음 세대가 복음 중심의 정체성을 형성하는 것이 세대 간 제자 훈련의 목표라는 점에 동의하리라고 생각한다. 우리 아이들의 삶의 방식이 그리스도의 이야기를 중심으로 형성되도록 도와야 한다.

2017년 라이프웨이 리서치는 기독 청년을 대상으로 설문을 실시했는데, 많은 청년이 어린 시절 가족 문화의 어떤 부분이 자신의 영적 건강에 긍정적인 영향을 미쳤다고 답했다. 그리고 그 요인 중에서 성경 읽기가 가장 큰 비중을 차지했다. 그 외에 영향을 미친 요인으로는, 기도, 교회에서의 섬김, 선교 여행, 회중

> **【복음으로 형성된 정체성】**
> **복음으로 형성된 정체성:** 세대 간 제자 훈련의 목표는 아이들의 사고와 정서, 삶의 습관이 그리스도의 이야기를 통해 형성되게 하는 것이다.

예배, 기독교 음악 듣기 등이 있었다.[14]

제임스 스미스(James K. A. Smith)는 이렇게 말한다. "예수님의 제자는 적절한 행동을 보이기 위해 옳은 관념과 교리와 신념을 머릿속에 넣는 사람이 아니다. 예수님의 제자는 옳게 사랑하는 사람이다. 하나님과 이웃을 사랑하고, 무엇보다도 그 사랑으로 세상에 다가가는 사람이다."[15] 교리를 아는 것만으로 우리의 마음이 변하지 않는다. 라이프웨이의 연구 결과에서 보듯이, 복음으로 형성된 삶으로 가는 길은 어린 나이에 의도적인 습관과 생활 리듬을 통해 다져진다.

매트 챈들러(Matt Chandler)와 애덤 그리핀(Adam Griffin)은 각 가정이 '의도적인 시간'(가정 예배, 일대일 성경 공부, 온 가족이 영화를 보는 시간 등)을 통해 제자 훈련의 문화를 정착시키도록 권장했다. 또한 '가르칠 기회'를 잡아 활용하고, 아이들의 삶 속에서 중요한 '영적 단계'(유아 세례식, 처음으로 신앙 고백을 한 순간, 처음 성경책을 받은 날, 성인식, 첫 월급일 등)를 기념하며 기억하도록 권장했다.[16]

어린이 사역자와 부모는 가정 제자 훈련에 관해서 너무 복잡하게 생각하는 경향이 있다. 어떤 거창한 프로그램이나 일련의 수업을 새로 만들어야 한다고 생각한다. 그러나 사역 리더들은 가정들의 규칙적인 습관이나 생활 리듬이 이미 형성된 시간과

> **【시간, 순간, 기념비적 사건】**[17]
> **가정 제자 훈련 시간:** 복음에 관해서 생각하고 말하며, 복음대로 살기 위해 가족의 기존 생활 리듬에 의도한 시간을 추가한다.
> **가정 제자 훈련의 순간들:** 일상에서 복음 중심의 대화를 할 기회를 찾아서 활용한다.
> **가정 제자 훈련을 기념함:** 가족과 아이의 삶에서 일어나는 하나님의 중요한 역사를 기념하고 축하한다.

계절을 파악하기 위해 교회 공동체의 연간 달력을 보는 편이 더 효과적이다. 가정들이 이미 하고 있는 일에 의도적인 제자 훈련의 요소만 추가하면 된다.

이처럼 이미 지키고 있는 루틴에 새로운 습관을 더하는 것이 가장 효과적이다. 예를 들어, 교회에서 학기 초에 2학년 아이들에게 성경책을 나누어주거나 여름에 부모들에게 가족끼리 즐길 수 있는 행사에 관한 아이디어를 제공할 수 있다. 또는 부모가 성탄절이나 부활절 기간에 아이들을 가르치도록 자료를 나눠줄 수도 있다.

내 경우에는 대림절 기간이 가정 제자 훈련에 관해서 가장 많은 것을 배운 시기였다. 몇 년 전, 한 목사가 25일까지 매일 성탄절에 관해 묵상할 수 있는 글이 올려진 웹사이트를 소개해주었다. 각 글은 예수님의 가문에 속한 사람들의 이야기를 하나씩 다룬다. 한편 아내는 이 웹사이트 글과 비슷한 형식에, 종이 장식까지 포함된 책 한 권을 발견했다. 우리는 그 책을 사서 종이 장식은 오리고, 책에 나온 이야기를 딸들에게 읽어주었다.

성경 이야기를 읽고 할인점에서 산 작은 성탄 트리를 천천히 장식하는 동안, 우리는 가족으로서 함께 성경을 읽는 습관을 길렀다. 그리고 처음 그렇게 하고서 매년 그 전통을 이어갔다. 내가 가족과 신앙 모임을 항상 꾸준하게 하지는 못하지만, 대림절이 되면 우리 가족은 언제나 말씀 앞에 모인다. 그 작은 트리와 펠트 장식들(종이에서 펠트로 바꾸었다)은 지금도 우리 가족의 크리스마스 장식물 상자에 잘 보관되어 있다. 막내는 그 상자를 보면 이렇게 묻는다. "올해는 어떤 대림절 책을 읽을 거예요?" 그리고 때가 되면 우리는 매년 하는 제자 훈련의 리듬으로 다시 들어간다. 이것을 이사야 선지자는 "옛적 길"이라 불렀다(렘 6:16).

더 나은 이야기로
유튜브 세대를 제자 훈련하라

극장에서 "휴대전화를 무음으로 바꿔주세요"라는 메시지가 큰 스크린에 나타나면 사람들은 즉시 따른다. 조금 전만 해도 문자 메시지를 주고받고 사진을 올리던 사람들이 모두 휴대전화를 무음으로 바꾼다. 그런데 아이러니하게도 역사상 전자 기기에 가장 밝고 잘 사용하는 세대인 중학생 여자애들이 먼저 아빠의 옆구리를 찌른다. "아빠, 어서 꺼요. 영화가 곧 시작해요." 극장에 가면 유튜브 세대도 휴대전화 사용을 멈추고, 영화가 시작하기를 가만히 기다린다. 그러고는 이야기에 푹 빠진다.

이렇게 문명의 이기와 고도로 연결된 세대에게 다가갈 유일한 방법은, 어린이 사역과 가정 사역의 환경을 유튜브처럼 연결성을 키우고 게임적 요소와 이미지를 가득 채우는 것으로 생각하기 쉽다. 어떤 사람은 이렇게 말할지도 모른다. "아이들이 휴대전화를 내려놓고 집중하게 만들려면 영화관으로 데려가야 하죠." 물론 일리가 있는 말이다. 사역자들은 효과적인 커뮤니케이션 도구를 적극적으로 활용해야 한다.

하지만 다음 세대를 복음화하려면 단순히 아이들의 눈뿐만 아니라 마음을 사로잡아야 한다. 그러려면 단순히 관심을 사로잡은 뒤 성경 진리를 전하는 것 이상이 필요하다. 단순히 호기심을 끄는 이미지들로 기독교 신학의 교리나 원칙을 설명해주는 것 이상이 필요하다. 우리 아이들에게는 최신 기술만큼이나 '옛적 길'이 필요하다.

우리 아이들은 좋은 교회와 가정 문화 속에서 자라나야 한다. 하나님의 은혜로(고전 3:5-8) 그리스도가 주시는 것은 '마블'이나 '스타워즈'나 그들이 좋아하는 유튜브 채널보다 낫다는 사실을 배울 수 있는 문화가 필요하다. 예수님의 구속적인 이야기를 통해 사고와 정서, 삶의 방식이 형성될 수 있는 문화가 필요하다.

【4부 돌아보기】

아이들, 그 가족들과 함께 자라나라

아래에 나오는 적용을 위한 질문을 보십시오. 이 질문에 답하면서 가정들이 어떻게 영적 여행에서 다음 단계를 밟을 수 있을지 고민해보십시오.

사역에 적용하기 위한 질문

1.

교회에서 부모와 떨어질까 봐 두려워하는 아이들을 위해 어떤 방법을 사용할 수 있겠습니까? 하나님이 신뢰할 만하시다는 돌봄의 본보기를 보여주기 위해 실제로 해볼 방법에는 무엇이 있습니까?

2.

다섯 살배기 아이가 계속해서 다른 아이의 장난감을 빼앗으며 말썽을 피우는 상황을 어떻게 다루겠습니까? 어떤 시점에 부모를 개입시켜야 합니까? 교사들이 이런 상황에 잘 대처할 수 있도록 규칙이나 절차, 관리 기술을 정해두었습니까?

3.

어떤 아이가 예수님을 믿는 것에 관해서 물으면 뭐라고 답해주겠습니까? 그 아이가 죄를 고백하고, 예수님에 대한 믿음을 표현하도록 어떻게 권면할 수 있겠습니까? 다른 교사와 함께 이 상황에 관한 역할극을 하고 나서 평가도 해보십시오. 당신이 던지는 질문은 아이가 자기 마음속의 죄와 문제를 보는 데 도움이 됩니까? 연령대에 맞는 언어를 사용해 복음을 분명히 설명했습니까? 아이가 그리스도를 믿을 수 있도록 직접적이고도 분명하게 설명해주었습니까?

4.

당신 교회의 어린이 사역 커리큘럼에서는 어떤 기본 교리를 강조합니까? 그런 커리큘럼 목표를 선택한 이유는 무엇입니까? 요리문답을 병행하면 그 교리들을 더 명확하게 가르칠 수 있습니까?

5.

당신 교회의 가정들이 어떤 영적 습관(시간, 순간, 단계)을 기르기를 바랍니까? 어떻게 그런 습관을 권장하고, 교사인 우리가 본을 보여줄 수 있겠습니까?

더 깊은 연구를 위한 참고 자료

요리문답에 관해서

Kevin DeYoung, *The Good News We Almost Forgot: Rediscovering the Gospel in a 16th Century Catechism* (Chicago: Moody, 2010), 『왜 우리는 하이델베르크 교리문답을 사랑하는가』(부흥과개혁사 역간).

Terry L. Johnson, *The Family Worship Book: A Resource Book for Family Devotions* (Fearn, Ross-shire, Great Britain: Christian Focus, 1998), 10-12, 61-93페이지를 보라.

The New City Catechism for Kids (Wheaton, IL: Crossway, 2018), 『뉴시티 교리문답 키즈』(죠이북스 역간).

The New City Catechism Curriculum, Melanie Lacy 편집 (Wheaton, IL: Crossway, 2018), 『뉴시티 교리문답 커리큘럼 인도자 가이드』(죠이북스 역간).

아동 발달에 관해서

Brent Bounds, "Train Up a Child: The Spiritual and Psychological Development of Children", 오디오 강의, *Gospel in Life*(2006년 4월 22일), http://bit.ly/3DGfnrf

Karyn Henley, *Child-Sensitive Teaching: Helping Children Grow a Living Faith in a Loving God*, 4th ed. (Nashville: Child-Sensitive Communication, 2011).

가정 제자 훈련에 관해서

Matt Chandler, Adam Griffin, *Family Discipleship: Leading Your Home through Time, Moments, and Milestones* (Wheaton, IL: Crossway, 2020), 『가정 제자훈련』(성서유니온 역간).

Susan Hunt, *Heirs of the Covenant: A Biblical Legacy of Faith for All Generations* (Alpharetta, GA: Great Commission, 2014).

Timothy Paul Jones, *Family Ministry Field Guide: How Your Church Can*

Equip Parents to Make Disciples (Indianapolis: Wesley Publishing House, 2011).

Robert J. Keeley, *Helping Our Children Grow in Faith: How the Church Can Nurture the Spiritual Development of Kids* (Grand Rapids, MI: Baker, 2008).

Jana Magruder, *Kids Ministry That Nourishes: Three Essential Nutrients of a Healthy Kids Ministry* (Nashville, TN: B&H Books, 2016).

5부

"가라!" 아이들과 가족들을 세상으로 파송하라

【10장】

복음으로 가정들을 증인으로 세우라

가정과 사역에서 균형 잡힌 양육을 해야 할 필요성

1736년 잉글랜드 글로스터에서 로버트 레이크스(Robert Raikes)라는 사람이 태어났다. 그는 가족의 사업을 물려받고 아버지의 재산을 더 불린 부유한 사람이었다. 하지만 젊은 레이크스는 그 많은 부를 혼자서만 누리지 않았다. 그는 자신의 삶이 하나님의 더 큰 사명의 하나라는 점을 이해하고, 자기 재산을 다른 사람들을 섬기는 데 사용했다.[1]

레이크스의 자선 활동은 처음에는 도시의 강제 노역소에 갇힌 죄수들에게 초점을 맞추었다. 그의 직업은 신문 기자이자 홍보 담당자였다. 그래서 그는 자신의 펜과 지갑을 사용하여 죄수들의 비인간적인 상황을 다루었다. 하지만 죄수들을 돕다가, 글로스터의 높은 범죄율을 줄이기 위한 최선책이 가난한 아이들이 범죄에 발을 들이기 전에 그들을 돕는 것이라고 확신하게 되었다. 그래서 그는 1780년, 그의 인생에서 가장 긴 사회적 섬김의 길을 시작했다. 그는 바로 주일학교를 창시했다.[2]

그 당시 가난한 가정의 아이들은 거의 교육을 받지 못했고, 대개 부모와 함께 주 6일 공장에서 일했다. 때로는 하루에 12시간까지 일했다. 과도한 노동과 교육 기회의 부재로, 많은 가정이 가난의 굴레에서 헤어 나오지 못했다. 부모가 경범죄로 감옥에 가거나 주중의 중노동으로 지쳐 아이들을 잘 돌보지 못하면, 아이들은 주일에 거리를 헤맬 수밖에 없었다. 아이들은 거리에서 도박판과 술판을 벌이고 욕을 입에 달고 살았다.

레이크스는 그 현장으로 뛰어들었다. 그는 아이들이 거리에 넘쳐나는 것을 단순히 문제로만 보지 않았다. 그는 그것을 기회로 보았다. 그래서 한 마을 여인을 섭외해, 그녀의 집에서 주일학교를 열었다. 이 주일학교는 6-14세 남자아이들을 중심으로 시작되었다. 교과서는 성경책이었고, 첫 커리큘럼은 읽기를 가르치고서 요리문답으로 넘어가는 것이었다. 교육은 온종일 진행되기도 했다. 오전 10시에 시작해 예배까지 드리고 나면 오후 5시에나 모임이 끝났다.[3]

남자아이들이 말씀을 배우기 시작한 뒤로, 바늘 공장의 감독들은 아이들의 태도와 행실이 변했음을 느꼈다. 그 덕분에 돕는 손길이 나날이 늘어났고, 2년 만에 글로스터 여기저기서 여러 주일학교가 문을 열었다. 그로부터 얼마 되지 않아, 레이크스는 자신의 신문사인 《글로스터 저널》(Gloucester Journal)에 주일학교에 관한 이야기를 공개했다. 단, 자신이 주일학교에 처음으로 자금을 지원했다는 사실은 언급하지 않았다. 이어서 런던의 신문사들은 레이크스의 이야기를 다루었고, 곧 주일학교는 하나의 운동으로 발전했다. 1850년 잉글랜드 전역에서 2백만 명이 주일학교에 등록했다.[4] 1780년 세상의 망가짐을 외면한 채 혼자만 잘살기를 거부한 한 사람에게서 시작된 일이 곧 전 세계적인 운동으로 발전했다.

우리는 하나님의 사명에 동참하도록 부름을 받았다

이 책에서 나는 어린이 제자 훈련을 위한 전략적 방법을 다루었다. 하지만 제자 훈련은 교회와 가정 밖으로까지 뻗어나가야 한다. 그리스도는 우리에게 이렇게 명령하신다. "너희는 가서 모든 민족을 제자로 삼아"(마 28:19). 아이들과 가정은 믿음으로 이웃을 사랑하고 세상에 복음을 전하는 그리스도의 사신이 되어야 한다.

지상 대명령은 단순히 우리가 받은 명령이 아니다. 하나님은 우리에게 이 명령을 주시기 훨씬 전에 이미 사명을 감당하고 계셨다. 신학자 폴 스티븐스(R. Paul Stevens)는 이렇게 말한다. "사명은 하나님 자신이 행하고 계신 일이다…하나님은 보내신 분이고, 보내심을 받은 분이며, 보내고 계신 분이다."[5] 성부는 성자

> **【복음으로 세워진 증인】**
>
> **복음으로 세워진 증인:** 믿음으로 아이들은 위험을 무릅쓰고, 다리를 건너 이웃을 사랑하며 세상에 복음을 전하는 그리스도의 사신이 된다.

를 보내셨고(요 3:16-17; 5:36), 성부와 성자는 성령을 보내셨으며(요 14:26; 15:26), 이제 우리가 세상으로 보냄을 받았다(요 20:21; 행 1:8).

신약에서 우리는 예수 그리스도를 통해 희생적이고 다리를 놓는 하나님 사명의 선언문을 볼 수 있다. 그리스도는 하나님의 본체이시지만 "하나님과 동등됨을 취할 것으로 여기지 아니하시고 오히려 자기를 비워 종의 형체를 가지사 사람들과 같이 되셨[다]"(빌 2:6-7).

고린도후서에서 바울은 화해를 위해 위험을 무릅쓰는 교회의 사역은 하나님이 이미 행하신 일에 뿌리를 두고 있다고 말한다. "하나님께서 그리스도 안에 계시사 세상을 자기와 화목하게 하시며 그들의 죄를 그들에게 돌리지 아니하시고"(5:19). 우리는 이 구속의 사역을 경험함으로 하나님 사명에 동참하게 된다. 우리는 하나님의 사랑과 복음에 감격하고, 거기에 힘입어 그분의 사신으로서 세상으로 나아간다(5:18-20).

어떻게 가정들이 하나님의 사명에 동참하도록 권할 수 있을까? 어떻게 다음 세대에 위험을 무릅쓰는 용감한 믿음을 길러 줄 수 있을까? 그 일은 먼저 우리가 건너야 할 큰 틈을 보는 것에서 시작한다.

**하나님의 이야기 속으로
들어가라**

솔직히 고백하자면, 나는 삶과 사역을 분리해서 보는 경향이 있다. 그러니까 크리스천 가정의 사역과 교회의 사역이 서로 다르다고 생각하는 경향이 있다. 하지만 성경의 이야기는 하나님의 큰 사명을 올바로 보게 해준다.[6]

1장에서 나는 하나님의 이야기를 창조, 타락, 구속, 완성의 4단계 운동으로 정리했다. 이 구조는 간단하지만, 성경 메시지의 모든 부분에 적용된다고 믿는다. 그런데 나는 성경의 이야기가 절반으로 쪼개진 것처럼 살아갈 때가 많다. 무슨 말인지 설명해보겠다.

**은혜가 없고
고립된 가정**

나는 아버지로서 딸들을 자랑스러워한다. 하나님의 형상을 따라 지음받은 아이들로, 딸아이들의 존엄성을 인정하는 일은 내게는 쉽다. 이 아이들을 보호하고, 아이들이 자기 몸을 잘 돌보도록 가르치고, 그들을 부양할 책임이 내게 있음을 잘 안다. 그리고 아이들의 악하고 약한 부분들이 보이기 때문에, 나는 그들의 행동을 바로잡아주고, 바꿔야 할 부분을 가르치며, 더 성

공적인 삶을 살도록 잘 결정을 내릴 수 있도록 돕는다.[7]

부모로서 우리는 성경 이야기의 첫 번째와 두 번째 운동(창조와 타락)만 강조하고, 마지막 두 운동은 무시하는 경향이 있다. 우리는 아이들을 부양할 책임, 죄와 부족한 부분을 바로잡아야 할 책임은 느끼지만, 아이들의 삶에 구속적인 역할을 해주어야 할 책임은 쉽게 잊어버린다. 그럴 때 우리의 가정은 단순히 '행동 교정과 개인적인 성공'을 위한 곳으로 전락한다.[8]

우리의 시각이 창조와 타락에만 제한되면, 이 두 가지 과정도 사실 제대로 이루어지지 않을 위험이 있다. 이를테면, 우리 자신의 노력으로 죄를 다룰 수 있다고 생각하게 된다. 또 우리는 아이들이 순결하고 좋은 것을 좇도록 징계하고 가르치며 격려한다. 가정 예배 시간에 아이들에게 복음을 전한다. 단순히 잘못된 행동을 교정하는 차원을 넘어 아이들의 마음을 다룬다. 하지만 우리는 성경의 구속적인 사명에 아이들 앞에서 우리 자신의 죄를 고백하고 회개하는 것도 포함된다는 사실을 잊을 때가 얼마나 많은가. 그것을 잊으면 우리는 은혜 없는 부모가 된다.

또한 우리 시각이 이야기의 전반부에만 제한돼 있다면, 우리 가족만 생각하기가 쉽다. 그래서는 아이들에게 하나님의 더 큰 사명에 참여하기 위한 비전을 심어줄 수 없다.

지나치게 영적인 사역

그런가 하면 사역자들은 정반대로 흐를 수도 있다. 이것도 위험하기는 마찬가지다. 전도와 제자 훈련이 사역자의 주된 역할 중 하나이기 때문에 사역자들은 자신들이 그 일을 잘한다고 생각하기가 쉽다. 하지만 사역자들이 수업을 준비하고, 가정들을 위한 제자 훈련 기회를 마련하는 데만 집중하다 보면, 부모들이 온갖 일로 바쁜 탓에 자녀 앞에서 구속과 완성의 교리를 삶으로 실천하는 것이 얼마나 어려운지를 헤아리지 못하기가 너무도 쉽다.

아이들의 스포츠 수업, 병원 치료, 학교 행사, 부모의 갑작스러운 부상이나 실직, 이혼 등으로 가정의 제자 훈련은 뒷전으로 밀리기가 쉽다. 우리 교회의 가정들이 매일 마주하는 현실의 문제를 인식하지 못하면, 우리가 전하는 복음은 지나치게 영적인 메시지가 될 수 있다. 즉 망가진 세상의 삶과 동떨어진 메시지를 전달할 수밖에 없다.

제자 훈련에 관한 관점이 지나치게 이상적이고 영적으로만 흐르면, 단순히 교회 가정들의 필요에만 무심해지는 것이 아니라 지역 주민의 필요에도 무관심하게 된다. 이처럼 사람들이 그리스도께로 오지 못하게 하는 장애물을 제대로 보지 못하면, 교회는 망가진 세상의 현실과 동떨어진 제자 훈련 '프로그램'만 가득한 곳이 되기 쉽다.

[표 10.1] 반쪽으로 쪼개진 이야기[9]

창조 ──── 타락	구속 ──── 완성
은혜가 없고 고립된 가정	**지나치게 영적인 사역**
−가정이 단순히 행동 교정과 개인적인 성공을 위한 준비의 장소가 된다. −하나님의 이야기가 반쪽으로 쪼개지면, 부모들은 자기 자녀를 부양하고 보호하고 바로잡는 것만이 자기 책임이라고 생각하게 된다. −부모는 자녀의 삶에서 은혜 충만한 구속의 매개체가 되어야 할 책임을 놓치며, 자녀에게 하나님의 사명에 참여하기 위한 비전을 심어주지 못한다.	−교회는 망가진 세상의 현실과 동떨어진 제자 훈련을 하기 위한 장소가 된다. −하나님의 이야기가 반쪽으로 쪼개지면, 교회의 목회자들은 자신들이 가정 사역을 잘한다고 생각하지만, 사실 가정들의 실질적인 필요와 동떨어진 프로그램을 내놓게 된다. −지역 주민들의 필요에 무관심할 수 있다. 그래서 주민들이 그리스도께 오지 못하게 하는 방해물을 보지 못할 수 있다.

하나님은 성경 이야기의 한두 부분만 보시지 않으니 얼마나 감사한지 모른다. 예수 그리스도를 통해 하나님은 사람이 되셔서 우리 가운데 거하셨다. 하나님은 육신을 입으심으로써 우리의 아름다움만이 아니라 우리의 망가짐 속에도 들어오셨다. 하나님은 우리를 구속하셨고, 이제 그 사명에 동참한 교회를 통해 만물을 새롭게 하고 계신다.

**포스트잇을 활용하는
점검의 시간**

내 바람은 가정 사역자들이 로버트 레이크스처럼 다리를 놓고 위험을 무릅쓰는 정신을 회복하는 것이다. 가정 사역 리더들이 단순히 '부서 운영'이나 '프로그램 운영'을 넘어 우리 구주처럼 가정을 진정으로 목회하기를 바란다.

저자 미셸 앤서니(Michelle Anthony)와 메건 마시먼(Megan Marshman)은 포스트잇을 사용한 점검 활동을 개발했다. 나는 어린이 사역과 가정 사역 리더들이 자기 교회 가정들의 필요를 더 분명히 알도록 돕고자 그 활동을 조금 변경해보았다.[10] 이 방법으로 사역자는 정말 필요한 부분에 초점을 맞출 수 있었다. 그 활동은 다음과 같다.

1. 칠판을 두 칸으로 나누어, 각 칸 위에 '집'과 '교회'라고 쓴다.
2. '집' 칸 아래에 성경 이야기에서 부모들이 주로 강조하는 부분인 '창조와 타락'을 쓴다. 하나님 이야기의 결말과 동떨어져 이런 부분에만 초점을 맞출 때 생기는 문제점인 '은혜가 없고 고립된 가정'도 쓰라.
3. '교회' 칸 아래에 성경 이야기에서 목사와 사역자들이 주로 강조하는 부분인 '구속과 완성'을 쓰라. 하나님 이야기의 시작 부분과 동떨어져 이런 부분에만 초점을 맞출 때 생기는 문제점인 '지나치게 영적인 사역'도 쓰라. 이 세 단

계를 완성하면 칠판에는 【표 10.2】와 같은 표가 그려진다.

4. 노란색 포스트잇에 당신의 교회에서 가정들에게 제공하는 다양한 프로그램을 쓰라. 여름 성경학교, 소그룹 모임, 즐거운 가족의 밤, 가족 수련회, 주중 프로그램, 주일학교, 청소년 캠프 등이 있을 것이다. 각 프로그램을 하나의 포스트잇에 쓰라. 이 포스트잇들을 '교회' 칸 아래에 붙인다.

5. 이번에는 노란색이 아닌 포스트잇으로 지역 사회의 아이들과 가정이 자주 경험하는 실질적인 필요와 문제점을 쓴다. 사람들이 예수님을 믿지 않기 때문에 복음을 들어야 한다는 사실도 쓰라. 우울증, 외로움, 이혼, 마약과 알코올 의존, 성경 지식 부족, 십대 임신, 가난, 냉담, 분노 같은 문제점도 쓰라. 역시 하나의 문제점을 하나의 포스트잇에 쓴다. 그러고서 이 포스트잇들을 '집' 칸 아래에 붙이라. 우리 가정들의 특별한 필요에 관해 깊이 생각하라. 시골 교회, 교외 교회, 도심의 대형 교회의 리더들이 쓴 필요와 문제점은 다를 수밖에 없다.

6. 노란색 포스트잇에 적은 특정한 프로그램이 '집' 칸 포스트잇의 필요를 다룰 수 있다면, 그것을 서로 선으로 연결하라. 현재 진행하는 사역으로 해결할 수 없는 문제를 적은 포스트잇에는 동그라미를 치라. 5부 끝에 나오는 '사역에 적용하기 위한 질문'에 답해보며, 해결되지 않은 문제 관해 생각해보라. 활동을 마치면 이번 장의 끝에 실은 【표 10.3】처럼 될 것이다.

[표 10.2] 포스트잇 점검 활동

집	교회
창조와 타락만 강조	구속과 완성만 강조
위험: 은혜가 없고 고립된 가정	위험: 지나치게 영적인 사역

이 활동으로 리더들은 사역의 현재 구조로 다룰 수 없는 지역 사회의 실질적인 필요들을 찾을 수 있다. 물론 하나님은 우리 교회들이 지역 사회의 모든 문제를 해결하기를 바라지는 않으신다. 그러나 우리가 이런 필요를 알면, 아이, 부모, 어린이 사역 교사들이 안전지대에서 나와 하나님의 사명에 동참하도록 격려할 방법을 찾을 수 있다. 다음 단계는 교회 차원에서 이것들 가운데 어떤 필요를 채워줄지를 놓고 기도하는 것이다.

하나님의 사명에 동참하라

세상의 망가진 현실을 외면한 채 살아가기가 쉽다. 하지만 하나님은 우리에게 다리를 건너, 이 사명의 모험을 시작하라고 명령하신다. 당신 교회의 아이들과 가정들이 그렇게 하도록 도울 두 가지 방안을 제안한다.

첫째, 아이들에게 사명에 관해서 가르치라. 최근 많은 교회에서 가정들이 매주 소그룹으로 모이도록 격려하는 프로그램을 갖추고 있다. 아울러 섬김, 선교사 간증, 외국어와 문화에 관한 수업을 통합한 어와나(Awana) 같은 기독교 스카우트 프로그램도 있다. 이런 변화에는 좋은 점이 있다. 아이들은 사명의 본을 보이는 어른들을 보며 믿음을 배울 수 있고, 가정들은 지역 사회의 사명에 참여할 기회를 더 많이 얻을 수 있다. 하지만 단점도 있다. 주일학교 커리큘럼에서 지상 대명령과 사도행전의 교회 부흥을 다루더라도 섬김과 사명에 관해서 집중적으로 가르치는 프로그램이 없으면, 아이들은 하나님이 주변 세상에서 지금 행하고 계시는 일을 보지 못하기 쉽다.

이런 상황이라면 사명을 정식 커리큘럼에 넣는 것이 좋다. 어린이 예배 중 정기적으로 선교사를 위해 기도하는 시간을 정한다든지, 선교사들과 직접 화상 채팅을 해본다든지, 교회에 모여 후원하는 선교사들에게 보낼 선물을 함께 포장한다. 아이들이 어린이 예배를 졸업하기 전에 하나님이 주변 세상에서 어떻게 역사하고 계시는지 꼭 알게 하고 졸업하게 하라.

둘째, 가정들이 안전지대에 나올 기회를 마련하라. 우리 시대 교회들이 그리스도의 사명에 동참하기 위한 새로운 방법을 찾아내고 있다는 사실이 무척 감사하다. 예를 들어, 고아와 난민에 대한 돌봄을 더 강화하면, 은혜도 없고 지나치게 영적인 삶에 빠져들 위험이 줄어든다. 당신의 교회는 이런 노력을 하고 있는가? 그렇다면 아이들과 가정들이 이런 노력에 동참하도록 권하고 있는가?

지역 탁아소를 섬기는 일에 아이들을 참여하게 하라. 십대 아이들을 노숙자 쉼터나 미혼모 보호 센터에 데려가 함께 섬겨 보라. 아이들에게 성경 구절을 암송하게 하고, 전도에 관한 책 『당신은 하나님과 가깝습니까?』(Are You Close to God?)를 읽게 하라. 그리고 한 명이라도 좋으니 친구에게 복음을 전하도록 격려하라.

하나님은 우리가 믿음의 발걸음을 떼 그분의 사명에 동참할 때 우리를 변화시켜주신다. "아이들과 학생들이 어릴 적부터 안전지대에서 나오도록 격려하면, 각자의 성격과 욕구를 초월한 힘을 주시는 성령의 능력을 경험하고 그분을 의지하게 된다."[11]

지상 대명령은 두 가지 차원에서 복음이 움직이게 한다. 지리적인 차원에서는 복음을 사방으로 보내고, 시간적인 차원에서는 복음이 한 세대에서 다음 세대로 흐르게 한다. 우리의 기도 제목은 성령의 능력을 통해 다음 세대가 하나님나라가 임할 때 이루어질 다문화적인 공동체(모든 족속과 방언)처럼 되는 것이다(계 7:9). 다음 세대가 안위를 좇는 대신 그리스도 안에서 담대한 믿음의 삶을 살게 되기를 원한다. 그들이 정의와 사랑을 실천하고 하나님과 함께 겸손하게 행하게 되기를 원한다(미 6:8). 주님, 우리의 기도를 들으소서. 아멘.

【표 10.3】 포스트잇 점검 활동 완성하기

집	교회
우리 지역 사회의 아이들과 가정은 구체적으로 어떤 문제를 겪고 있는가?	우리 교회는 어떤 프로그램을 제공하고 있는가?

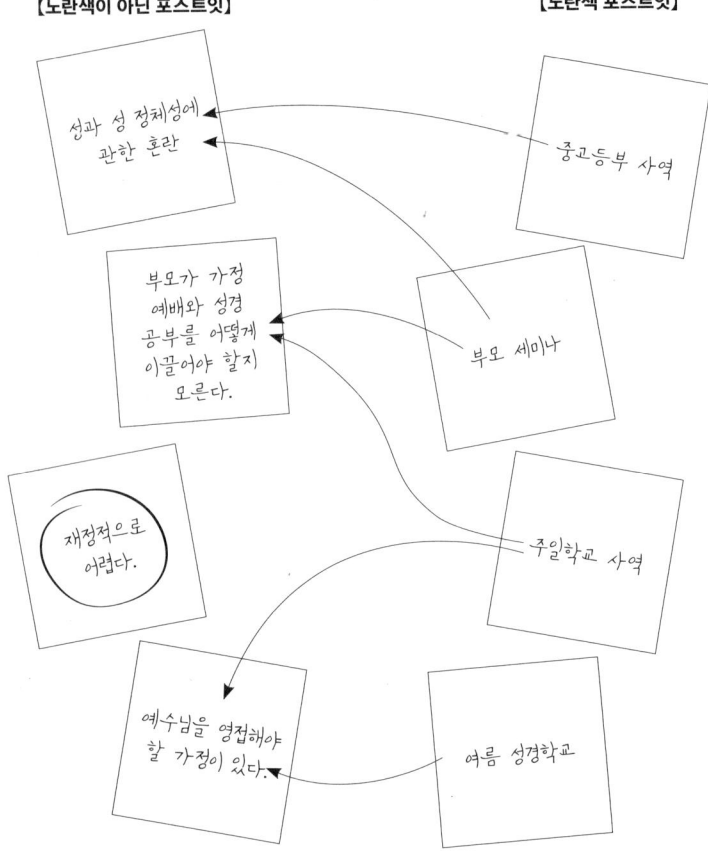

【10장】 복음으로 가정들을 증인으로 세우라

【5부 돌아보기】
"가라!" 아이들과 가족들을 세상으로 파송하라

포스트잇을 준비하고서 10장에서 소개한 활동을 해보십시오. 이 활동을 해본 뒤에 다음 질문에 관해 생각해보고 답하십시오.

사역에 적용하기 위한 질문

1.
당신의 현재 사역에서 다룰 수 없는 문제들(노란색이 아닌 포스트잇에 쓴 것 중 동그라미를 친 것들)을 어떻게 다루겠습니까?

이 중 어떤 문제가 아이들과 부모들, 어린이 사역 교사들이 안전지대에서 나오도록 격려할 기회가 되겠습니까?

이 중 어떤 문제가 당신 사역의 한계(교회 규모나 재정, 인력의 한계)를 드러냅니까? 이 한계를 솔직히 인정하는 것이 중요합니다. 하나님나라는 언제나 우리 사역이 감당할 수 있는 범위보다 크기 때문입니다.

2.

하나님이 당신의 교회를 어떤 문제 속으로 부르고 계신다면, 그 문제를 어떻게 창의적으로 다룰 수 있겠습니까? 그 문제를 다루기 위해 교회의 교육 일정을 조정할 수 있습니까? 또 그 문제를 다루기 위해 교회의 다른 사역 부서들과 협력해야 합니까? 혹은 교회 밖의 선교 단체들과 협력해야 할 필요가 있습니까?

3.

가정들이 지역 사회의 문제를 다루기 위해 발걸음을 뗄 때 복음을 전할 준비가 되어 있습니까? 아이들이 친구들을 교회로 초청하도록 격려하고 있습니까? 그들이 복음을 전할 수 있도록 가르쳤습니까? 친구들을 전도할 때 사용할 자료들을 주었습니까?

4.

아이들에게 해외 선교에 관해서는 어떻게 가르치고 있습니까? 가족이 함께 선교할 수 있도록 단기 선교 여행을 지원하고 있습니까? 어린이 예배에서 선교사들을 위해 주기적으로 기도하거나 선물을 마련합니까? 아이들에게 선교에 관해 주기적으로 가르치기 위한 다른 아이디어가 있습니까?

5.

당신의 교회나 지역 사회에서 가정들의 특정한 문제를 다루지 못하고 있는 프로그램이 있습니까?(노란색 포스트잇 중 선으로 연결이 안 된 것) 이 프로그램을 계속 유지해야 할지를 진지하게 고민해야 할 때입니까?

더 깊은 연구를 위한 참고 자료

Michelle Anthony, Megan Marshman, *7 Family Ministry Essentials: A Strategy for Culture Change in Children's and Student Ministries* (Colorado Springs: David C. Cook, 2015).

Brian Dembowczyk, *Gospel Centered Kids Ministry: How the Gospel Will Transform Your Kids, Your Church, Your Community, and the World* (Nashville, TN: Lifeway, 2017).

Molly Wall, Jason Mandryk 편집, *Window on the World: An Operation World Prayer Resource* (Downers Grove, IL: IVP Books, 2018).

맺는말
추수를 위한 용기

어린이 사역자들에게 하나님의 공급하심에 대한 믿음이 가장 흔들릴 때는 교사들을 모집할 때일 것이다. 하루에도 몇 번씩 거절을 당하다 보면 낙심할 수 있다.

우리 교단의 어린이 사역 리더들과 전화 회의를 한 적이 있다. 대화 주제는 짐작했겠지만, 교사 모집이었다. "교사 모집이 언제 가장 성공적이었습니까?"라는 진행자의 질문에 한 리더가 재빨리 대답했다. "제가 가장 '열정'적이고 가장 열심히 '기도'할 때가 가장 성공적이었습니다." 그 어린이 사역자는 '열정'과 '기도'라는 두 단어에 힘을 주어 말했고, 나는 고개를 끄덕이며 스스로 반성했다.

첫째, 사람들은 리더의 열정을 볼 때 자원할 가능성이 크다. 이 책에서 내 목표 중 하나는 당신에게 비전과 열정을 불어넣는 것이다. 어린이 사역 일정에 나온 다음 달 행사를 보고 성급하게 인력을 채우려고 할 수 있다. 하지만 잠시 멈춰서 그 교사들의 역할이 '왜' 중요한지를 곰곰이 생각해볼 필요가 있다.

교사로 영입하고 싶은 사람에게 찾아가기 전에 아이들에게 복음을 전하는 것이 얼마나 중요한지를 깊이 생각해보라. 환영하는 환경을 '조성하고' 아이들을 그리스도께 '인도하고' 아이들과 나란히 '자라나고', 가족들이 사명을 향해 '나아가게' 하려면 무엇이 필요한지 생각해보라. 탁아방 교사에서 아동부와 중고등부 교사, 안내 위원까지 모든 역할이 사명에 꼭 필요하다는 점을 기억하라. 따라서 교사로 영입하고 싶은 사람들에게 당신의 열정을 보여줄 수 있어야 한다.

둘째, 더 중요한 사실은 하나님을 의지할 때만, 그분을 믿고 기도할 때만 우리의 사역이 전진할 수 있다는 것이다. 마태복음 9장 36-38절을 보면 예수님의 비전은 그분을 연민에 이어 기도로 이끌었다. 예수님은 제자들에게 이렇게 말씀하셨다. "추수할 것은 많되 일꾼이 적으니 그러므로 추수하는 주인에게 청하여 추수할 일꾼들을 보내주소서 하라." 이 구절은 어린이 사역 리더들이 교사 역할에 적합한 사람들의 이름을 기억나게 해달라고 하나님께 요청해야 한다는 사실을 일깨워준다.

동시에 우리는 참을성 많은 농부의 용기와 확신으로 구할 수 있다. 보다시피 예수님의 말씀에는 약속이 있다. "추수할 것이 많되!" 지금 당장은 보이지 않아도 추수의 때가 오고 있다. 따라서 우리는 용기를 갖고 교사들을 모집하고, 아이들을 제자로 훈련해야 한다. 우리는 일꾼들, 믿음으로 그리스도를 따를 아이들, 하나님의 말씀을 읽고 순종할 가족들을 보내달라고 열심히 기도해야 한다. 그리고 그렇게 하는 내내 하나님께 감사해야 한다. 밭을 갈고 씨앗을 심고 물을 줄 일꾼들이 필요하기는 하지만, 궁극적으로 어린이 사역을 유지하게 하는 분은 하나님이시기 때문이다. 하나님은 자라게 하시는 분이다(고전 3:5-8).

감사의 말

아이를 잘 양육하기 위해서는 공동체가 필요하다. 책도 마찬가지다. 책을 제대로 쓰기 위해서도 공동체가 필요하다. 그래서 나의 공동체에 깊이 감사한다. 이 프로젝트를 지원해준 복음 연합(Gospel Coalition)의 이반 메사와 훌륭한 편집으로 도움을 준 콜린 한센에게 감사한다. 이 책의 출간을 위해 부지런히 애써준 토드 오거스틴을 비롯한 크로스웨이(Crossway)팀에 감사한다.

하버 네트워크(Harbor Network)와 소전 콜렉티브 교회의 어린이 사역 리더들과 교사들에게 감사한다. 이 책에서 소개한 환영의 환경 조성-예수님께 인도하기-함께 자라나기-파송의 모델은 2010년 소전 커뮤니티 교회의 메리 스트리트 사무소에서 플레처 랭과 함께 화이트보드에 아이디어를 끄적이면서 시작되었다.

그 아이디어는 10여 년 동안 이 리더들, 교사들과 나란히 섬기고 대화하면서 다듬어졌다.

이 책을 읽고 피드백을 해준 조슈아 쿨리, 잭 코크런, 샘 루스, 챔프 손턴, 마크 스미스에게 감사한다. 이들의 탁월한 편집 솜씨와 귀한 격려 덕분에 이 책을 끝까지 써낼 수 있었다.

마지막으로, 내 아내 메건은 이 책의 모든 페이지를 읽고 수정해주었다. 내 '사랑하는 자'인 아내에게 깊이 감사한다(아 6:3). 내 머릿속이 생각으로 가득 차 있는 동안 인내심을 발휘해준 우리 집 모든 여자, 아내 메건과 딸아이들 레이철, 루시, 엘리자베스에게 감사한다. 코로나 격리 기간에 가족과 함께 게임을 하고, 마블 영화와 드라마 〈만달로리안〉(Mandalorian) 시리즈를 본 시간은 너무도 즐거웠다.

우리가 예수님을 사랑하는 세대를 키워가는 내내 이 책이 교회에 미력하나마 도움이 되기를 바란다. 오직 하나님께 영광을 돌린다(Soli Deo gloria).

주

머리말

1. Jack Klumpenhower, *Show Them Jesus: Teaching the Gospel to Kids* (Greensboro, NC: New Growth, 2015), 15, 『주일학교에서 오직 복음을 전하라』(새물결플러스 역간).

2. 이 범주들은 Brian Dembowczyk, *Gospel-Centered Kids Ministry* (Nashville, TN: Lifeway, 2017)에서 발췌 수정했다. 정의는 *Show Them Jesus* 14-16페이지에 실린 고린도전서 2장 1-5절에 관한 Klumpenhower의 강해에서 발췌 수정했다.

1장. 다음세대를 위한 공동 사명

1. Clement of Alexandria, "Who Is the Rich Man That Shall Be Saved?", *The Ante-Nicene Fathers: Translations of the Writings of the Fathers Down to A.D. 325, Volume II, Fathers of the Second Century: Hermas, Tatian, Athenagoras, Theophilus, and Clement of Alexandria (Entire)*, Alexander Roberts, James Donaldson, Cleveland Coxe 편집 (repr., New York: Charles Scribner's Sons, 1905), 603. 클레멘스 설교의 이 번역본은 Eusebius, *The Church History, A New Translation with Commentary*, Paul L. Maier 번역, 4th ed. (Grand Rapids, MI: Kregel, 1999), 111-112에서 가져왔다.

2. Tedd Tripp, "Session 14: Helping Kids See God's Glory", *Case for Kids DVD* (Shepherd Press, 2006).

3. Robert L. Plummer, "Bring Them Up in the Discipline and Instruction of the Lord: Family Discipleship among the First Christians", *Trained in the Fear of God: Family Ministry in Theological, Historical, and Practical Perspective*, Randy Stinson, Timothy Paul Jones 편집 (Grand Rapids, MI:

Kregel, 2011), 47.

4. Charles Spurgeon, *Come Ye Children* (London: Passmore and Alabaster, 1897), 9장. 『내 어린양을 먹이라』(지평서원 역간).

5. 위와 동일.

6. Marty Machowski, *Leading Your Child to Christ: Biblical Direction for Sharing the Gospel* (Greensboro, NC: New Growth, 2012); Graeme Goldsworthy, *Gospel-Centered Hermeneutics: Foundations and Principles of Evangelical Biblical Interpretation* (Downers Grove, IL: InterVarsity, 2006), 176-177.

7. Plummer, "Bring Them Up", 50.

8. Eusebius, *The Church History*, 111-112.

9. Clement of Alexandria, "Who Is the Rich Man That Shall Be Saved?", 603.

10. Reggie Joiner, *Think Orange: Imagine the Impact When Church and Family Collide* (Colorado Springs: David C. Cook, 2009), 85, 『싱크 오렌지』(디모데 역간).

11. Steve Wright, Christ Graves, *ApParent Privilege* (Wake Forest, NC: InQuest Publishing, 2008), 99-110에서 발췌 수정.

12. Eusebius, *The Church History*, 112.

2장. 가정 사역의 역사에서 얻는 교훈

1. Jane E. Strohl, "The Child in Luther's Theology: 'For What Purpose Do We Older Folks Exist, Other Than to Care for…the Young?'", *The Child in Christian Thought*, Marcia J. Bunge 편집 (Grand Rapids, MI: Eerdmans, 2001), 139.

2. Timothy Paul Jones, Randy Stinson, "Family Ministry Models", Michael과 Michelle Anthony, *A Theology for Family Ministries* (Nashville, TN: B&H Academic, 2011), 159-160.

3. Martin Luther, "Lectures on Genesis, Chapters 21-25", *Luther's Works*, 55 vols., Jaroslav Pelikan 편집 (St. Louis: Concordia, 1955-1986), 4:384.

4. Martin Luther, "The Estate of Marriage", (1522), *Luther's Works*, 45:40-41.

5. Strohl, "The Child in Luther's Theology", 145.

6. Martin Luther, "The Small Catechism", (1529), *Martin Luther's Basic Theological Writings*, Timothy F. Lull 편집 (Minneapolis: Fortress, 1989), 471.

7. 루터의 "소요리문답"(The Small Catechism, 1529)은 "가정의 머리가 가족에게 가르치기 쉬운 형태"라는 표제로 독어판이 출간되었고, 라틴어판에는 "학생들을 위한, 교사들이 쉽게 학생들을 가르치기 위한"이라는 내용이 나온다(476페이지).

8. Timothy Paul Jones, "Historical Contexts for Family Ministry", *Perspectives on Family Ministry*, 2nd ed. (Nashville, TN: B&H Academic, 2019), 29-30.

9. Jones, "Historical Contexts for Family Ministry", 33.

10. Jones, "Historical Contexts for Family Ministry", 37.

11. Timothy Paul Jones, *Family Ministry Field Guide: How Your Church Can Equip Parents to Make Disciples* (Indianapolis: Wesley, 2011), 83.

12. 장로교 목사 Mark DeVries가 *Family-Based Youth Ministry* (Downers Grove, IL: InterVarsity, 1994)를 썼을 때 그 책은 실행 가능한 대안을 제시한 중고등부 사역 운동에 대한 최초의 주요한 비평 중 하나였다.

13. DeVries로부터 13년 뒤, Voddie Baucham 목사는 *Family Driven Faith: Doing What It Takes to Raise Sons and Daughters Who Walk with God* (Wheaton, IL: Crossway, 2007), 『가정아, 믿음의 심장이 되어라』(미션월드라이브러리 역간)를 출간했다. 이 책은 가정 통합 접근법을 널리 퍼지게 했다.

14. Reggie Joiner, "Where Do You Start?", *Collaborate: Family + Church*, Michael Chanley 편집 (Louisville, KY: Ministers Label, 2010), 136.

Joiner는 2009년 *Think Orange*, 『싱크 오렌지』(디모데 역간)를 출간했고, 교회와 가정의 영향을 통합한 전략을 주창했다. 같은 해, Timothy Paul Jones를 비롯한 교회 리더들은 *Perspectives on Family Ministry: 3 Views* (Nashville, TN: B&H Academic, 2009), 『가정사역 패러다임 시프트』(생명의말씀사 역간) 초판을 출간했다. 이 책은 가정 사역의 역사를 개괄적으로 살피고 세 접근법에 이름을 붙였다.

15. 이 표는 Timothy Paul Jones, "Four Models for Family Ministry", (lecture, SBTS Regional Alumni Academy, St. Louis, MO, April 29, 2016)에서 발췌 수정했다.

16. Brandon Shields는 가정 사역 운동의 초기 주창자들이 이 통계를 사용하는 방식에 대한 탁월한 비평을 썼다. "Family-Based Ministry: Separated Contexts, Shared Focus", *Perspectives on Family Ministry*, 2nd ed. (Nashville, TN: B&H Academic, 2019), 118-122를 보시오.

17. Dave Harvey, "Lift the Heavy Burden of Shame: How to Care for Parents of Prodigals", Desiring God(2017년 8월 21일), http://bit.ly/3X1qceh

18. Russell Moore, *The Storm-Tossed Family: How the Cross Reshapes the Home* (Nashville, TN: B&H, 2018), 16-17, 『폭풍 속의 가정』(두란노 역간).

19. Kevin Jones, "Responses to Paul Renfro", *Perspectives on Family Ministry*, 2nd ed. (Nashville, TN: B&H Academic, 2019), 102.

20. 연령 통합, 세대 간 가정 교회 모임 또는 가정에서 모이는 소그룹이 하나의 예다. 이런 그룹은 사명에 저해되지 않는 방식으로 세대들을 혼합한다. 우리 탁아소에서도, 교회에 다니지 않는 부모는 매주 아이들을 큰 장소에 조용히 앉아 있게 하는 것보다, 다른 사람의 집에 데려가 다른 가족들과 함께 식사하고 대화하는 것을 더 선호하는 것 같다. 나는 더 큰 가정 통합 모임을 효과적으로 여는 다른 교회 사례도 보았다. 탁아방이나 어린이 사역을 정기적으로 제공하는 일부 교회는, 성금요일과 성탄절 이브에 아이들이 좋아하는 음악과 교훈을 준비하여 모임을 연다.

21. Tim Chester, Steve Timmis, *Total Church: A Radical Reshaping*

around Gospel and Community (Wheaton, IL: Crossway, 2008), 183. 『교회다움』(IVP 역간).

3장. 입구에서 예수님 만나기

1. Judith M. Gundry-Volf, "The Least and the Greatest: Children in the New Testament", *The Child in Christian Thought*, Marcia J. Bunge 편집 (Grand Rapids, MI: Eerdmans, 2001), 35.

2. 왕하 2:23-24, 사 3:4, 잠 4:13, 6:23, 16:22, 10:17, 19:18, 22:15, 23:12-14를 보라.

3. Gundry-Volf, "The Least and the Greatest", 39.

4. Gundry-Volf, "The Least and the Greatest", 40.

5. D. A. Carson, "Matthew", *Matthew, Mark, Luke, The Expositor's Bible Commentary*, Frank E. Gaebelein 편집, vol. 8 (Grand Rapids, MI: Zondervan, 1984), 397.

6. C. S. Lewis, *The C. S. Lewis Signature Classics* (New York: Harper One, 2017), 107-108에 나온 *Mere Christianity*의 글. 『순전한 기독교』(홍성사 역간).

7. Sue Miller, David Staal, *Making Your Children's Ministry the Best Hour of Every Kid's Week* (Grand Rapids, MI: Zondervan, 2004), 66-69.

8. Virginia Ward, Reggie Joiner, Kristen Ivy, *It's Personal: Five Questions You Should Answer to Give Every Kid Hope* (Cumming, GA: reThink Group, 2019), 38.

9. 마태복음 18장 6-9절에 대한 설명은 넘어갔다. 아이들이 실족하지 않게 보호하라는 예수님의 명령은 복음 충만한 환대에서 매우 중요한 부분이다. 이 부분은 4장에서 다룰 것이다.

10. 이 관행의 이유는 성공회, 루터교회, 개혁교회에서 각기 다르긴 하다. Adam Harwood와 Kevin E. Larson 편집, *Infants and Children in the Church: Five Views on Theology and Ministry* (Nashville, TN: B&H Academic, 2017)를 보라.

11. 이 개념들은 Ward, Joiner, Ivy의 책 26-29페이지에서 발췌 수정한 것이다.

12. Robert J. Keeley, *Helping Our Children Grow in Faith: How the Church Can Nurture the Spiritual Development of Kids* (Grand Rapids, MI: Baker, 2008), 32-33. 이 주장에는 성경적인 근거가 있다. 심지어 세 살짜리 레위인도 성전에서 매일 할 일을 받았다(대하 31:16).

13. Keeley, *Helping Our Children Grow in Faith*, 33-35.

14. Keeley, *Helping Our Children Grow in Faith*, 32. Fuller Youth Institute를 통한 Kara E. Powell과 Chap Clark의 연구는 *Sticky Faith: Everyday Ideas to Build Lasting Faith in Your Kids* (Grand Rapids, MI: Zondervan, 2011), 5장에 소개되어 있다. 이 연구는 Keeley의 진술을 다음과 같이 뒷받침해준다. "설문에 응답한 십대들이 가장 환영받았다고 느낀 것은 교인들이 그들에게 관심을 보일 때였다. 일회적인 프로그램이나 행사보다 어른들이 아이들을 알려고 노력할 때 아이들은 자신이 교회의 중요한 일원이라고 느꼈다."

15. Gundry-Volf, "The Least and the Greatest", 41.

4장. 타락한 세상에서의 안전

1. "Joe Paterno, Graham Spanier Removed", ESPN.com(2011년 11월 9일), https://bit.ly/3wWIYd0

2. D. A. Carson ["Matthew", *Matthew, Mark, Luke, The Expositor' Bible Commentary*, Frank E. Gaebelein 편집, vol. 8 (Grand Rapids, MI: Zondervan, 1984), 398]과 같은 이들은 마태가 자신의 복음서 10장 42절에서 "작은 자"라는 표현을 사용한 것을 근거로, 여기서 "작은 자"는 실제 아이가 아니라 겸손하거나 미성숙한 신자를 지칭한다고 주장한다. 하지만 제자들 가운데 놓인 아이가 이야기의 이 지점에서도 여전히 예수님 옆에 서 있었다면, "나를 믿는"이라는 표현은 예수님이 특별히 교회 안의 믿는 아이들을 말씀하신 것으로도 볼 수 있다(18:2). Keith J. White, "'He Placed a Little Child in the Midst': Jesus, the Kingdom, and Children", *The Child in the Bible*, Marcia J. Bunge, Terence E.

Fretheim, Beverly Roberts Gaventa 편집 (Grand Rapids, MI: Eerdmans, 2008), 353-374를 보시오.

3. Brent Bounds, "Train Up a Child: The Spiritual and Psychological Development of Children", Gospel in Life에 실린 오디오 강의(2006년 4월 22일), https://bit.ly/3DGfnrf

4. *The Connected Child: Bring Hope and Healing to Your Adoptive Family* (New York: McGraw-Hill, 2007)에서 Karyn B. Purvis, David R. Cross, Wendy Lyons Sunshine은 이렇게 설명한다. "초기의 상실과 학대는 아이의 몸과 뇌의 발달을 방해할 수 있다. 심지어 몸이 신경 전달 물질을 생산하고 관리하는 능력이 망가질 수도 있다. 2세 전에 학대를 당한 아이들은 뇌 우반구가 구조적으로 변하며, 이는 스트레스 대처 능력에 영향을 미친다"(205-206). Brian Liechty, "Review of The *Connected Child* by K. B. Purvis, D. R. Cross, and W. L. Sunshine", *Journal of Biblical Counseling* 30, no. 3 (2016): 85-93 참조.

5. Michael Weinreb, "Growing Up Penn State: The End of Everything at State College"(2011년 11월 16일), Grantland, https://bit.ly/3YpnjF1

6. 사 28:1; 29:1; 30:1 참조.

7. Carson, "Matthew", 399.

8. 악명 높은 사례 중 하나는 Houston Chronicle의 "Abuse of Faith" 시리즈다(2019년 2월 10일-7월 6일), http://bit.ly/3HWsHJp, Richard Hammar, Matthew Branaugh, "Protecting Youth in the #MeToo Era" 참조. Church Law & Tax에서 제공한 웹 세미나(2019년 4월 17일), http://bit.ly/3Ydt09C, Deepak Reju, *On Guard: Preventing and Responding to Child Abuse at Church* (Greensboro, NC: New Growth, 2014), 5장 참조.

9. Malcom Gladwell, *Talking to Strangers: What We Should Know about the People We Don't Know* (New York: Little, Brown, and Company, 2019), 오디오북, 5장, 『타인의 해석』(김영사 역간).

10. Reju, *On Guard*, 25-26.

11. Reju, *On Guard*, 26-27.

12. Hammar, Branaugh, "Protecting Youth in the #MeToo Era"; Reju, *On Guard*, 28–36.

13. Gladwell은 *Talking to Strangers*, 5장에서 이에 관해서 많은 지면을 할애하여 다루고 있다. Reju, *On Guard*, 20–21 참조.

14. Diane Langberg, "Key Responses to Sexual Abuse: Hear from the Experts", *Becoming a Church That Cares Well for the Abused Handbook*, Brad Hambrick 편집 (Nashville, TN: B&H Publishing, 2019), 65–66.

15. Brad Hambrick, "Lesson 2—Ministry Tension: Matthew 18 Complements (Doesn't Compete with) Romans 13", *Becoming a Church That Cares Well*, 17.

16. Hambrick, "Lesson 2", 20.

17. 미국 50개 주 모두에서 적용되는 보고 의무와 목사 및 교인들의 권리를 설명한 "Appendix A", *Becoming a Church That Cares Well*, 181–282를 보라.

18. R. Albert Mohler Jr., "The Tragic Lessons of Penn State—A Call to Action", AlbertMohler.com(2011년 11월 10일), http://bit.ly/40yiLhC. 보고의 책임이 있다고 해서, 적시에 이루어지는 교회의 회복적인 징계가 학대에 대한 적절한 반응이 아닌 것은 아니다. 법을 따른다고 해서, 구속적인 행동을 포기해서는 안 된다. 고린도전서 6장 9–11절에서 바울은 계속해서 죄 속에 숨는 자들은 하나님나라에 들어갈 수 없다고 분명히 말한다. 바울은 죄인의 목록에 오늘날 아동 성범죄자의 범주에 들어갈 만한 사람들을 넣는다. 이어서 그는 이렇게 말한다. "너희 중에 이와 같은 자들이 있더니 주 예수 그리스도의 이름과 우리 하나님의 성령 안에서 씻음과 거룩함과 의롭다 하심을 받았느니라." 바울의 말은 이런 가해자에게도 복음의 소망이 있다는 사실을 보여준다.

그러나 교회가 아동에 대한 육체적 혹은 성적 가해자를 위해 법적인 문제를 해결하고 회개를 끌어내며 사회적 복권까지 조율해준 뒤에도 죄의 결과는 없어지지 않는다. 성범죄의 재발률을 볼 때, 유죄 판결을 받은 사람이 아이들을 다루는 일을 하도록 허용해서는 안 된다. 많은 경우, 아니 대부분 교회는 성범죄자를 교회 모임과 프로그램에 계속해서 참여하게 하면서 관리할 능력이 없다. 또 다른 피해가 일어나지 않도록 막을 경비나 상담 측면의 역량이 부족하다. 성범죄자를 잠재적 피해자들에게서 분리해 제자 훈련을 하기가 어렵다. 다음을 보라. Megan Fowler, "Sex Offenders Can Find Hope in Christ But Not Necessarily a Place at Church", *Christianity Today*(2020년 7월 23일), http://bit.ly/3Yvf4HH; Roger Przybylski, "Recidivism of Adult Sex Offenders", U.S. Department of Justice SOMAPI Research Brief(2015년 7월), https://bit.ly/3Dlr1BN; Stephanie Smith, "Sex Offenders, Recidivism, and the Church", Religion News Service(2014년 7월 25일), http://bit.ly/3jrVbCB

혹시 교회가 아동 성범죄를 저지른 전력이 있는 가해자를 받아줄 경우에는 모든 법적 제한 조치를 철저히 지켜야 하며, 그 가해자를 어떻게 다룰지에 관한 계획을 분명히 문서화해야 한다. 가해자가 그 계획을 기꺼이 받아들이는지를 보면, 그가 회개했고 교화의 여지가 있는지, 교회의 돌봄을 계속해서 받을 수 있을지를 어느 정도 알 수 있다. Jared Kennedy, "12 Things to Consider When a Sex Offender Wants to Come to Church", Gospel-Centered Family(2019년 10월), http://bit.ly/3lecbNb를 보라.

19. Brad Hambrick, "Lesson 2-Ministry Tension: Matthew 18 Complements (Doesn't Compete with) Romans 13", *Becoming a Church That Cares Well for the Abused Handbook*, Brad Hambrick 편집 (Nashville, TN: B&H Publishing, 2019), 25에서 발췌 수정.

20. Reju, *On Guard*, 49.

21. Reju, *On Guard*, 15. 그는 신명기 10장 18절, 이사야 1장 17절, 예레미야 7장 5-7절, 야고보서 1장 27절을 인용한다.

2부 돌아보기

1. Michael S. Wilder, Timothy Paul Jones, *The God Who Goes before You: Pastor Leadership as Christ-Centered Followership* (Nashville, TN: B&H Academic, 2018), 79에서 발췌 수정.

5장. 성경 이야기를 전하는 세 가지 방식

1. "Little Guys Can Do Big Things Too", *Veggie Tales: Dave and the Giant Pickle* 원작, Phil Vischer 감독 (Lombard, IL: Big Idea Productions, 1996), 〈야채극장 베지테일〉(비트윈 역간).

2. Jack Klumpenhower, *Show Them Jesus: Teaching the Gospel to Kids* (Greensboro, NC: New Growth, 2015), 102, 『주일학교에서 오직 복음을 전하라』(새물결플러스 역간).

3. Sidney Greidanus, *Preaching Christ from the Old Testament: A Contemporary Hermeneutical Method* (Grand Rapids, MI: Eerdmans, 1999), 2-3, 『구약의 그리스도, 어떻게 설교할 것인가』(이레서원 역간).

4. Greidanus, *Preaching Christ*, 227-232.

5. Klumpenhower, *Show Them Jesus*, 101-124.

6. Klumpenhower, *Show Them Jesus*, 102에서 발췌 수정.

6장. 복음 중심 해석의 실제

1. Ernest C. Lucas, *Daniel*, Apollos Old Testament Commentary, no. 20 (Downers Grove, IL: InterVarsity, 2002), 114, 『AOTC 다니엘』(부흥과개혁사 역간).

2. Jack Klumpenhower, *Show Them Jesus: Teaching the Gospel to Kids* (Greensboro, NC: New Growth, 2015), 102.

3. *The Reformation Study Bible* (2017), R. C. Sproul 편집 (Sanford, FL: Reformation Trust, 2017); *Biblical Theology Study Bible, NIV*, D. A. Carson 편집 (Grand Rapids, MI: Zondervan, 2018).

4. Charles H. Spurgeon, "Christ Precious to Believers", Music Hall, Royal Surry Gardens, London(1859년 3월 13일 설교).

7장. 삶의 실천, 참여, 적용을 위한 발견

1. Lawrence O. Richards, Gary J. Bredfeldt, *Creative Bible Teaching*, 확장개정판 (Chicago: Moody Press, 1998), 290-291, 『창조적 성경 교수법』(그리심

역간).

2. Richards와 Bredfeldt, *Creative Bible Teaching*, 273-274; 아이들의 발달 단계를 논하는 다음 장도 보라.

3. Bernice McCarthy의 학습 스타일에 관해서 Harro Van Brummelen, *Walking with God in the Classroom: Christian Approaches to Teaching and Learning*, 3rd ed. (Colorado Springs: Purposeful Design, 2009), 109-122, 『교실에서 하나님과 동행하십니까?』(IVP 역간)와 Marlene D. Lefever, *Learning Styles: Reaching Everyone God Gave You to Teach* (Colorado Springs: NexGen/Cook, 2004), 19-35, 『아이의 자신감을 높여주는 맞춤 학습법』(DCTY 역간)을 보라. Kolb의 학습 순환에 관해서 Michael J. Anthony, "Introduction: Putting Children's Spirituality in Perspective", *Perspectives on Children's Spiritual Formation*, Michael J. Anthony 편집 (Nashville, TN: B&H Academic, 2006), 36-43를 보라. HBLT 방식에 관해서 더 알고 싶다면 Lawrence O. Richards와 Gary J. Bredfeldt, *Creative Bible Teaching* (Chicago: Moody Press, 1970, 1998), 151-165, 292-297을 보라.

4. LeFever, *Learning Styles*, 32, and Madison Michell, "Kinesthetic, Visual, Auditory, Tactile, Oh My! What Are Learning Modalities and How Can You Incorporate Them in the Classroom?" Edmentum(2017년 9월 25일), http://bit.ly/3Ib7kMB, LeFever, *Learning Styles*의 각 장은 학습 스타일과 양상에 따라 나열한 교실 활동 샘플을 제공한다.

5. Robert J. Keeley, *Helping Our Children Grow in Faith: How the Church Can Nurture the Spiritual Development of Kids* (Grand Rapids, MI: Baker, 2008), 74-75.

6. 예를 들어 *Show Me Jesus! Toddler (Ages 2-): Winter, God' Son* (Alpharetta, GA: Great Commission, 1999)에서 "Bible Time" (10페이지)에 관한 설명과 여러 샘플 성경 이야기를 보라.

7. Catherine F. Vos, *The Child's Story Bible*, Marianne Catherine Vos Radius 5th ed. (Grand Rapids, MI: Eerdmans, 1985); Sally Lloyd-Jones,

The Jesus Storybook Bible (Grand Rapids, MI: ZonderKidz, 2007), 『스토리 바이블』(두란노 역간); Jared Kennedy, *The Beginner's Gospel Story Bible* (Greensboro, NC: New Growth, 2017).

8. *Show Me Jesus! Toddler*, 10.

9. 이번 장에서 소개한 활동들을 알려준 Gospel-Centered Family Fall 2020 Children's Ministry Leadership Cohort에 감사한다.

10. *The New City Catechism: 52 Questions and Answers for Our Hearts and Minds* (Wheaton, IL: Crossway, 2017); *The New City Catechism for Kids* (Wheaton, IL: Crossway, 2018), 『뉴시티 교리문답 키즈』(죠이북스 역간).

11. Stephanie Carmichael, *Their God Is So Big: Teaching Sunday School to Young Children* (Kingsford NSW, Australia: Matthias Media, 2000), 72.

12. Carmichael, *Their God Is So Big*, 76.

13. Dave는 나와 함께 이번 장의 주제에 관해서 이야기하던 중에 이 말을 해주었다. 이 말을 인용하게 허락해준 그에게 감사한다.

8장. 점진적인 성장

1. Douglas Davies, *Child Development: A Practitioner's Guide*, 3rd ed. (New York: Guilford, 2011), 162, 『임상을 위한 아동발달』(하나의학사 역간).

2. Brent Bounds, "Train Up a Child: The Spiritual and Psychological Development of Children", 오디오 강의, Gospel in Life(2006년 4월 22일), https://bit.ly/3DGfnrf

3. Karyn Henley, *Child Sensitive Teaching: Helping Children Grow a Living Faith in a Loving God*, 개정판 (Nashville, TN: Child Sensitive Communication, 2002), 35-36.

4. Davies, *Child Development*, 160-162, 222-224에서 발췌 수정.

5. Richard Plass, James Cofield, *The Relational Soul: Moving from False Self to Deep Connection* (Downers Grove, IL: InterVarsity, 2014), 26-30.

6. Sally Michael의 커리큘럼 *A Sure Foundation: The Fragrance of the*

Knowledge of Christ, A Philosophy for Infant Nursery Ministry (Minneapolis: Children Desiring God, 2005)이 단순한 이야기와 축복 기도로 이 문화를 형성하고 있다는 점이 매우 놀랍다.

7. Karyn Henley, *Child Sensitive Teaching*, 41.

8. *Show Me Jesus! Toddler*, 17과 Davies, *Child Development*, 222–224와 Julie Lowe, "Counseling Children of Different Age Groups: Ages and Stages of Development", *Caring for the Souls of Children: A Biblical Counselor's Manual*, Amy Baker 편집 (Greensboro, NC: New Growth, 2020), 37–38에서 발췌 수정.

9. *Show Me Jesus! Toddler*, 17.

10. Daniel J. Siegel, *The Developing Mind: How Relationships and the Brain Interact to Shape Who We Are*, 2nd ed. (New York: Guilford, 2012), 56, 『마음의 발달』(하나의학사 역간).

11. Davies, *Child Development*, 300–303과 Lowe, "Counseling Children of Different Age Groups", 39–41에서 발췌 수정.

12. Mark Smith, "3 Key Truths to Teach Your Kids about the Conscience"(2020년 10월 14일), Ethics and Religious Liberty Commission, http://bit.ly/40AB4CQ

13. Charles E. Schaefer, Theresa Foy DiGeronimo, *Ages & Stages: A Parent's Guide to Normal Childhood Development* (New York: Wiley, 2000), 185.

14. Lowe, "Counseling Children of Different Age Groups", 42–47과 Schaefer, DiGeronimo, *Ages & Stages*, 165–220에서 발췌 수정.

15. Lowe, "Counseling Children of Different Age Groups", 43.

16. "The Complete Plan to Teach God's Complete Word"(2019년), Great Commission Publications, https://bit.ly/3Yvh6r6에서 발췌 수정.

9장. 유튜브 세대를 위한 요리문답

1. Alisa Childers, "Let's Deconstruct a Deconversion Story: The Case of Rhett and Link", The Gospel Coalition(2020년 2월 29일), http://bit.ly/3l8NnpD

2. Childers, "Deconstruct a Deconversion."

3. Scottie May, "What Have We Learned? Seventy-Five Years of Children's Evangelical Spiritual Formation", *Bridging Theory and Practice in Children's Spirituality*, Mimi L. Larson, Robert J. Keeley 편집 (Grand Rapids, MI: Zondervan Reflective, 2020), 21-38.

4. Susan Hunt, *Heirs of the Covenant: Leaving a Legacy of Faith for the Next Generation* (Wheaton, IL: Crossway, 1998), 143-149에 실린 이 구절에 대한 탁월한 주해에서 발췌 수정.

5. 요리문답에 관한 다음 몇 문단은 나와 내 친구 Sam Luce가 함께 쓴 글 "Kids Have Questions. Do You Have an Answer?"에서 발췌 수정한 것이다. *K! Magazine* (2011년, 5/6월호), 54-57.

6. 현존하는 가장 오래된 이런 요약본은 『디다케』(*The Didache*)다. 이 문서는 성경에 포함된 몇몇 책보다도 오래되었다.

7. Dorothy L. Sayers, "The Lost Tools of Learning"(academic paper, Oxford, UK, 1947), 13, https://bit.ly/3RBZAiG

8. 개신교에서 가장 유명하고 가장 널리 받아들여진 두 요리문답, 하이델베르크 요리문답(1576)과 웨스트민스터 소요리문답(1642-1647)도 이 구조를 따른다.

9. Aaron Earls, "Catching Some Z's: How the Church Can Reach the Most Connected and Distracted Generation Ever", Lifeway Research(2017년 9월 29일), http://bit.ly/3DNQpGq

10. Amanda Lenhart, "Teens, Social Media, and Technology Overview 2015", Pew Research Center(2015년 4월 9일), http://bit.ly/3x0VKGo

11. Danah Boyd, "Why Youth (Heart) Social Network Sites: The Role of Networked Publics in Teenage Social Life", *Youth, Identity, and Digital Media*

Volume, David Buckingham 편집, MacArthur Foundation Series on Digital Learning (Cambridge, MA: MIT Press, 2007), https://bit.ly/3Y8IGLf

12. Champ Thornton, "How to Raise Radical Children", The Gospel Coalition(2017년 2월 6일), http://bit.ly/3RzVOXb

13. Allen Curry, "Drawing a Bead on Curriculum", (Norcross, GA: Great Commission), Hunt, *Heirs of the Covenant*, 170-172에 인용.

14. Bob Smietana, "Young Bible Readers More Likely to Be Faithful Adults, Study Finds", Lifeway Research(2017년 10월 17일), http://bit.ly/3YeQriD

15. James K. A. Smith, *Desiring the Kingdom: Worship, Worldview, and Cultural Formation*, Cultural Liturgies, vol. 1 (Grand Rapids, MI: Baker Academic, 2009), 32-33, 『하나님 나라를 욕망하라』(IVP 역간).

16. Matt Chandler, Adam Griffin, *Family Discipleship: Leading Your Home through Time, Moments, and Milestones* (Wheaton, IL: Crossway, 2020), 43, 『가정 제자훈련』(성서유니온선교회 역간).

17. Chandler와 Griffin, *Family Discipleship*, 43.

10장. 복음으로 가정들을 증인으로 세우라

1. "The Memoir of Robert Raikes", *The Belfast Monthly Magazine* 7, no. 41(1811년 12월 3일): 459-466, http://bit.ly/3jD17Ze; Aaron Earls, "How the Forgotten History of Sunday School Can Point the Way Forward", Facts & Trends(2018년 7월 17일), http://bit.ly/3xjU2QR

2. "Memoir of Robert Raikes", W. Ryan Steenburg, Timothy Paul Jones, "Growing Gaps from Generation to Generation: Family Discipleship in Modern and Postmodern Contexts", *Trained in the Fear of God: Family Ministry in Theological, Historical, and Practical Perspective* (Grand Rapids, MI: Kregel Academic, 2011), 147-148.

3. Montrose J. Moses, *Children's Books and Reading* (New York: Mitchell

Kennerly, 1907), 103, https://bit.ly/3Ybaezo에서 확인.

4. Earls, "How the Forgotten History of Sunday School Can Point the Way Forward."

5. R. Paul Stevens, *The Other Six Days: Vocation, Work, and Ministry in Biblical Perspective* (Grand Rapids, MI: Eerdmans, 2000), 194.

6. Timothy Paul Jones, *Family Ministry Field Guide: How Your Church Can Equip Parents to Make Disciples* (Indianapolis: Wesley, 2011), 72.

7. Jones, Family *Ministry Field Guide*, 85

8. Jones, Family *Ministry Field Guide*, 85.

9. Jones, *Family Ministry Field Guide*, 85, 113에서 발췌 수정.

10. Michelle Anthony, Megan Marshman, *7 Family Ministry Essentials: A Strategy for Culture Change in Children's and Student Ministries* (Colorado Springs: David C. Cook, 2015), 30–31.

11. Anthony, Marshman, *7 Family Ministry Essentials*, 61.